colección **biografías y documentos**

A Marcelóteles,
estos asuntos
mundanos,
demasiado
Cumanos–

[firma]

Oct 2002

El mundo del dinero

MARTÍN HOPENHAYN

EL MUNDO DEL DINERO

Grupo Editorial Norma
Buenos Aires Barcelona Bogotá Caracas Guatemala Lima México
Panamá Quito San José San Juan San Salvador Santiago

332   Hopenhayn, Martín
HOP   El mundo del dinero. - 1ª ed. - Buenos Aires:
        Grupo Editorial Norma
        200 p.; 21 x 14 cm. - (Biografías y documentos)
        ISBN 987-545-064-2

        I. Título - 1 Economía y Sociedad 2. Economía
        Financiera

©2002. De esta edición:
Grupo Editorial Norma
San José 831 (C1076AAQ) Buenos Aires
República Argentina
Empresa adherida a la Cámara Argentina del Libro
Diseño de tapa: Ariana Jenik
Ilustración de tapa: Collage sobre detalle de *Ecce Homo*
de Hieronymus Bosch
Impreso en la Argentina
Printed in Argentina

Primera edición: agosto de 2002

CC: 20649
ISBN: 987-545-064-2

Hecho el depósito que marca la ley 11.723
Libro de edición argentina

Índice

PREFACIO

Una versión casi final de este libro fue enviada a la editorial días antes de que en la Argentina el corralito financiero precipitara el gobierno radical de De la Rúa a su colapso final. Curiosamente el libro trata sobre cómo el dinero impacta la subjetividad de las personas. Resulta difícil, a las puertas de su publicación, no volver atrás y hacer referencia al fenómeno argentino.

Publicar hoy un libro sobre el dinero en la Argentina tiene sus bemoles. Sobre todo si pensamos que la crisis del dinero que afecta a los argentinos está asociada, como causa o síntoma más visible, a uno de los retrocesos económicos, deterioros sociales, fracturas subjetivas y colapsos institucionales más estrepitosos de la historia republicana del país. Y que la nación cuelga de un hilo, y muchos tienen la extraña sensación de que ese hilo lo mueven los capitales internacionales a través del FMI.

La historia contemporánea del dinero argentino casi podría fecharse entre dos extremos que marcan dos caídas de gobiernos democráticamente electos: la hiperinflación, que derribó a Alfonsín a fines de los ochenta y el corralito, que acabó con De la Rúa a comienzos del siglo XXI. En ambos casos la crisis del dinero desató o catalizó una crisis política. En ambos casos la gente se encontró en una situación casi patológica en relación con su dinero: o bien que lo tenía por millones y no valía nada; o bien que lo tenía confiscado en sus propias cuentas bancarias. Acceso a un dinero vacío o falta de acceso al dinero, en ambos casos la crisis llegó a la Casa Rosada y la obligó a un recambio de mando.

El presente libro aborda en uno de sus capítulos el impacto que puede tener una crisis hiperinflacionaria en la gente. Se vio en la Alemania prenazi, en varios países latinoamericanos durante los ochenta y en Rusia durante los noventa. Pero el corralito es toda una novedad en América Latina. ¿Qué ocurre con las personas cuando se las priva del dinero que legítimamente les pertenece, y más aún, cuando una política de Estado prácticamente se mete en sus bolsillos, los sella y los cose, y luego les restringe y regula el acceso a ese mismo dinero? Un país que durante una década vivió de la plata fácil, el crédito casi sin restricciones, vale decir, del dinero que no tenía, súbitamente se ve lanzado a la antípoda, vale decir, a no poder vivir del dinero que tiene. La ecuación no es fácil de resolver. Pero ningún otro escándalo de los años noventa movilizó a la ciudadanía con la fuerza requerida para derrocar un gobierno mediante la movilización popular: ni la corrupción generalizada del gobierno precedente, ni la más cruda concentración del ingreso en los grupos más ricos del país durante la década, ni un modelo de desarrollo que mantuvo al desempleo por sobre el quince por ciento por largos años, ni el remate del patrimonio nacional a grupos financieros y transnacionales. Sólo el corralito desató la bronca general, lanzó a la calle a clases medias y populares, a los que tienen algo y a los que no tienen nada o casi nada, democratizó la indignación y unió al país con la fuerza suficiente para liquidar al gobierno de turno.

Por otro lado está el dinero global, encarnado en agentes financieros transnacionales que buscan ganar mucho y pronto, sin importar lugar ni orientación, y a su vez representados por instituciones financieras que defienden sus intereses ante los Estados nacionales. Ese capital financiero hizo con el país lo que quiso, con una movilidad e impunidad que no deja de sorprender. Entró, lucró, salió, prestó sin criterio, adquirió empresas, las desvalijó, y hoy, ante la crisis de pago del país, presiona a través de las grandes "instituciones" financieras como el FMI para que este pago se garantice mediante medidas que no retroceden ante los más crueles costos sociales: rebaja de sueldos y salarios bajos, de pensiones mínimas a jubilados, recortes en presupuestos públicos que afectan a la educación y la salud, o lo que sea con tal de ampliar las arcas que sirven los intereses de la deuda. Sin ningún interés, por supuesto, ni en la sustentabilidad a largo plazo del desarrollo nacional ni en el bienestar de los argentinos.

La actual coyuntura argentina expresa la peor de las situaciones que puede provocar el mundo del dinero. Combina la concentración acelerada de las riquezas y del dinero y sus nefastas consecuencias sobre la cohesión social, la solidaridad entre clases y la responsabilidad ciudadana; la vulnerabilidad que su desregulación implica para la vasta mayoría de argentinos, y que convierte al país en una mezcla de farándula y miseria, de complacencia financiera con exclusión social; la fiebre del acceso fácil y luego la pesadilla de su corte abrupto, imponiendo con estos cambios en el flujo de dinero un ritmo maníaco-depresivo a la historia nacional reciente; la facilidad de corrupción de buena parte de las autoridades políticas y financieras en un orden donde el dinero fluyó durante una década a un ritmo febril por obra de la privatización de empresas, la entrada de dinero por transacciones ilícitas (lavado por venta de armas o por tráfico de drogas) y las operaciones "en papeles";

y donde el teje y maneje entre autoridades financieras de gobierno y banqueros les agrandó la torta a los que ya estaban hartos de comer.

La crisis del dinero en el país hace pagar a justos por pecadores, o a pecadores pequeños por pecadores grandes. Gatilla incertidumbre generalizada, rabia que desborda, impotencia masiva. La mayoría de los argentinos, sobre todo ese ochenta por ciento que vio deteriorada su situación personal en los últimos años, comparte la sensación de un país rematado, desperdiciado, humillado, corroído en el alma, saqueado y tremendamente injusto. Es cuestión de dinero, pero mucho más que eso. Difícil saber cuánto de causa y cuánto de consecuencia reside en el dinero mismo. Están los otros argumentos que hablan de falta de sentido de país, de grupos corporativos anclados en el poder o con el poder, de una transición mal hecha desde economías sustitutivas a economías abiertas, o de la falta de moral e idoneidad de los gobernantes. A la luz de esos argumentos, la crisis del dinero sería el catalizador o la mera superficie de una crisis cuyas raíces hay que buscarlas en otra parte. Esto es parcialmente cierto. Pero en parte es también la locura del dinero, su seducción y su poder, lo que fue hundiendo el país, exacerbando esos otros rasgos políticos, morales y culturales que hoy se esgrimen como argumentos para explicar el colapso.

En este contexto, sólo espero que el libro que sigue a este prefacio pueda aportar elementos desde una reflexión interdisciplinaria. No se trata de otra nueva reflexión económica ni financiera sobre el dinero y cómo se administró tan mal; sino de un intento por entrar en la cultura del dinero y cómo el uso del dinero modela a los sujetos, las expectativas y los comportamientos. Echando mano de las ciencias sociales y humanas, y haciendo un poco de historia general del dinero, el libro sale y vuelve de la coyuntura contemporánea para tratar de comprender qué significa, en última instancia, habitar hoy el mundo del dinero.

Introducción

Gran parte de nuestras necesidades, preferencias, deseos y caprichos están mediados por el dinero. A diario tomamos muchas decisiones, la mayor parte de ellas mecánicas, que están precedidas por evaluaciones de costo y precio. En cada una de estas decisiones repetimos el reflejo secular de contrastar los objetos que adquirimos con el dinero que disponemos y, proporcionalmente, ponderamos la importancia que le asignamos a esos objetos. Todo esto en un mundo en que la mayor parte de los intercambios entre personas se hacen en dinero, y en que el grueso de los objetos y las acciones son comparables entre sí, sin importar proximidad o similitud, gracias al común denominador del dinero. No sabemos en qué medida esta omnipresencia y permeabilidad determina nuestro modo de desenvolvernos en el mundo y nuestra conexión con los objetos y con los demás. No sabemos si el dinero construye en nosotros preferencias, expectativas y aspiraciones, o si sólo es un instrumento para realizarlas. Damos el dinero por hecho –no el tenerlo, sino el depender de él para sobrevivir y, si somos afortunados, para vivir según nuestros gustos–.

El dinero hace que casi todo sea comparable, conmensurable y adquirible. Esta racionalización impuesta por el dinero condiciona la globalización que hoy nos toca, entendida como sincronía absoluta en la circulación ilimitada. Y esta racionalización descansa en la vaciedad intrínseca del dinero, vale decir, su sentido siempre indeterminado y, por lo mismo, canjeable por cualquier objeto o servicio, sin importar calidad, medida, urgencia ni justificación. El dinero es el único invento que alcanza tal nivel de indeterminación y abstracción. Como las ideas platónicas, siendo inmaterial es objetivo, y le imprime su sello y valor a todo lo material –y cada vez más a los bienes inmateriales como la comunicación, la información y el conocimiento–.

El dinero es una invención humana que, con fuerza irreprimible, activa hoy en todo el planeta, y de manera simultánea, las más variadas posibilidades de encuentro entre un ser humano que quiere algo y otro que lo tiene y se lo ofrece, sin importar proximidad o distancia, cultura o territorio. ¿Hasta qué punto cuestionamos o celebramos este desenlace a la vez histórico y total, este advenimiento de un nuevo reino recreado por la incesante fecundación de la naturaleza, de la vida humana y del tiempo por el dinero? ¿Con qué frecuencia nos preguntamos si esta relación con el dinero hace carne en nosotros, recrea o inhibe nuestras posibilidades y nuestra felicidad? ¿Qué hay en nuestra piel socialmente construida, en nuestras visiones y nuestras ilusiones de mundo que haya sido generado, reordenado o extraviado por el uso del dinero? ¿Qué estructuras, valores y prácticas, repetidos sistemáticamente de generación en generación, durante miles de años de transmisión que hicieron falta para que lo simbólico se adhiriera a lo genético, contribuyeron a generalizar el uso del dinero tal como hoy lo vivimos?

Impugnado por los críticos de la sociedad de consumo, el dinero se asocia al fetichismo, la alienación, la explotación y el poderío. Ha sido remitido por la filosofía y el humanismo moderno a un modesto rango de mal necesario: resorte de la industria pero también de la depredación, motor del crecimiento humano pero también de su autocombustión, fuego fáustico que alumbra mientras incendia, poderoso instrumento que vincula como nadie y divorcia como nada. Prometeica o mefistofélicamente, el dinero junta al pecado con el progreso.

Ante lo cual el utopista de la modernidad no cesa de interrogar: ¿acaso una sociedad mejor reclama una alternativa al poder vinculante del dinero, exige regular sus usos para evitar su concentración y sus efectos corrosivos? En las utopías decimonónicas que fundan las imágenes ideales de la sociedad industrial, Marx veía (¿quería?) la abolición del dinero. Pierre Proudhon quiso revolucionar el dinero ideando un banco de cambio con préstamos sin interés; Robert Owen pensó y hasta puso en práctica, a escala limitada y por breve lapso, un almacén de cambio del trabajo (su Bazaar) donde los vales de trabajo ocupaban el lugar del dinero. En el movimiento verde hay quienes, como David J. Weston, postularon una divisa controlada comunitariamente. Los ejemplos y esfuerzos abundan por mitigar la fuerza centrípeta y centrífuga del dinero –que a la vez se expande ilimitadamente, y reduce ilimitadamente todo lo que toca a su valor en dinero–.

Cuando se aborda el sentido o sinsentido del dinero no tardan en hacerse oír las diatribas bucólicas que evocan un tiempo prístino e inocente previo al mundo del dinero. Pero el tono plañidero para impugnar los efectos corrosivos del dinero hace, en la mayoría de los casos, que no tomemos en serio estas lamentaciones. El grueso de la gente, durante la mayor parte del día y de la vida, no interroga por el sentido o impacto último del dinero en la subjetividad. Como si el dinero hubiese sido ya universalmente aceptado con rango de segunda naturaleza y, por tanto, como parte ya internalizada por la especie. O como si la mera posibilidad de un mundo sin dinero sólo pudiese admitirse para tiempos demasiado remotos, fueren hacia el pasado o hacia el futuro. Al punto que nos alejamos de esta pregunta como si nos resultase arcaica, inconducente y hasta ingenua.

Mientras tanto la modernidad siguió desplegando su fuerza racionalizadora tanto sobre la vida material como sobre la filosofía; y mientras el dinero se impuso como *ratio* en la primera, el positivismo lo hizo en la segunda. Dicho de otro modo, el comportamiento humano que mide, calcula, maximiza utilidades, y que piensa en términos de adquisición y venta, se fue expandiendo al mismo ritmo en que se consagró, en el campo del saber, una visión secularizada del mundo que entiende los fenómenos sociales a partir de un cierto mecanicismo heredado de las ciencias. Y en el cruce entre la vida material y la filosofía, la reflexión sobre el dinero tendió, avanzada la modernidad, a quedar colgada en dos antípodas: la de un humanismo bienintencionado, disperso y de audiencia incierta que desconfió del dinero inflexiblemente; y la de la teoría económica que incorporó la reflexión sobre el dinero en su "comunidad científica", reconstruyó especulativamente el dinero en un pensamiento formalizado que no se pregunta por los fines y el sentido de la vida productiva, ni qué hay de sustancial en la conceptualización del dinero. Esta reflexión especializada acompañó un largo proceso de culturización por vía del dinero: una cultura centrada en la ganancia económica privada y en un tipo de razón que privilegia el cálculo por sobre los motivos, esculpida geométricamente por el dinero, y donde la pregunta por el sentido último del dinero tiende a omitirse. A esta omisión contribuyó la teoría económica en el último siglo, que restringe el dinero a su dimensión operativa. Lo que es mera convención, deviene abstracción pura en la ciencia positiva. Olvido de una historia que no fue siempre igual. Porque el dinero no nace con el ser humano sino mucho después.

Las páginas que siguen buscan retomar una reflexión filosófica respecto del dinero, precedida por una referencia sintética a la historia del dinero y de su concepto. Dicha reflexión no pretende sumergirse, sin embargo, en un *mare mágnum* de referencias ni en una disquisición puramente especulativa. Busca indagar, más bien, a partir de referencias acotadas a la historia, a la filosofía y a las ciencias sociales, en cómo el dinero y su uso difundido han calado en zonas de nuestra subjetividad y sociabilidad. Algunas claves en este sentido que el lector verá tematizadas aquí son el fetichismo del dinero, la comprensión libidinal del dinero, la relación medios-fines y cómo la afecta el uso difundido del dinero, el impacto de la economía del dinero en la visión del tiempo y del espacio, y las formas posibles en que el dinero aliena y libera, fortalece y vulnera.

En base a estas reflexiones el libro busca desentrañar vínculos entre la modernidad, tal cual la vivimos hoy, y este uso extendido y exhaustivo del dinero que deviene cada vez más abstracto y, al mismo tiempo, cada vez más eficaz. Tal reflexión es la antesala para la parte final del libro, en que se busca esclarecer cómo nos impactan tres fenómenos emergentes que son parte –y desenlace– de la historia del dinero: la globalización financiera, el boom del crédito de consumo y la irrupción del dinero virtual o electrónico. Y a modo de corolario el libro culmina con algunos consejos sencillos y personales, sin pretensiones universalistas ni moralistas, sobre cómo podríamos vincularnos con el dinero sin someternos a su lógica de maximización ni sacrificar en este vínculo nuestra autonomía personal.

I. El dinero en la historia

1. Un difuso origen: el dinero como instrumento o demiurgo

No siempre fue el dinero. Esta afirmación puede parecer banal, si no fuera por el hecho de que el dinero está tan arraigado en nosotros que olvidamos su carácter de instituido, dándolo por sentado. Lo cierto es que desde el mercantilismo de los siglos XIV y XV, dinero y vida social pasaron a imbricarse a tal punto que el sentido común acabó consagrando el dinero como intrínseco a la vida humana. Y sin embargo, la línea divisoria entre economías de dinero y sin dinero es difusa. Max Weber señaló que "hablamos de 'economía y dinero' para referirnos a una economía donde lo típico es el uso del dinero y donde la acción se orienta a situaciones de mercado en términos de precios en dinero. El término 'economía natural', por el otro lado, se refiere a una economía donde no se usa el dinero. Los diferentes sistemas económicos que la historia conoce pueden definirse conforme al grado en que se aproximan a lo uno o a lo otro" (Weber, 1964, p. 202).

A este gradualismo cabe agregar una ambivalencia histórica que Jürg Niehhans pone en las siguientes palabras: "No ha sido claro si la transición desde el trueque al intercambio monetario podría suponer el desarrollo espontáneo bajo la presión de fuerzas del mercado, cada vez que prometiera un aumento del bienestar, o si se requirió una 'invención' combinada con persuasión, convención o compulsión" (Niehhans, 1978, p. 3). Para los economistas modernos, las dudas respecto de la génesis del dinero se resuelven con una disquisición formal, pero convincente: el uso del dinero, se dirá en este discurso positivo, surge como un mecanismo casi natural destinado a incrementar la riqueza al liberar el intercambio de las limitaciones del trueque, vale decir, de las cadenas impuestas por la "doble coincidencia de deseos" en el intercambio de bienes entre dos agentes.

El dinero ha sido comparado, desde Locke, Hobbes, y Hume, al lubricante que reduce las fricciones propias del trueque. Ya Aristóteles entendió el origen del dinero como solución al problema de la coincidencia de deseos requerida por el trueque. A comienzos del siglo XIX el economicista francés Simonde De

Sismondi escribía, en el artículo "Economía Política" para la Enciclopedia de Edimburgo, que "antes de inventarse un medio circulante, se requería para el intercambio una feliz conjunción de intereses, mientras que después de esta invención, apenas existía un comprador que no encontrase su vendedor, o un vendedor que no encontrase su comprador" (De Sismondi, 1969, p. 63). Más cerca de la economía política, Frank Hinkelammert liga la génesis del dinero al fenómeno de la división del trabajo. Nos dice, respecto del trueque: "Esta estrechez y limitación del intercambio, y por tanto del posible desarrollo de la división del trabajo, solamente puede ser superada determinando una mercancía específica como dinero... es depositario del valor: permite depositar valor en una forma en la cual no es útil para nadie" (Hinkelammert, 1981, p. 23). Así, la génesis y el desarrollo del uso social del dinero no se explica sólo por su función de "lubricante" del intercambio de bienes, sino que se remite esencialmente a otros dos procesos: la posibilidad de acumular riqueza en manos privadas y la progresiva división social del trabajo. Más allá de la explicación genética basada en el dinero-lubricante ("trueque menos fricciones"), el tránsito del trueque al dinero también está ligado a cambios en las relaciones sociales, que podrían resumirse en la transición del vínculo inmediato de comunidad al vínculo mediato de mercado o, más precisamente,

como la mediatización de las relaciones de los sujetos con la naturaleza y entre ellos mismos. El uso
universal de la moneda supone y refuerza, con ello,
cierto tipo de práctica y racionalidad sociales: "presupone, como señala Maurice Godelier, la generali-
zación de la producción mercantil a toda la sociedad.
Esta estructura global explica la necesidad de todo
consumidor de maximizar sus satisfacciones cotejan-
do sus ingresos y el precio de todo lo que se vende"
(Godelier, 1982, p. 43).

El uso universal de la moneda no se da en las sociedades llamadas primitivas, donde el aspecto predominante de la estructura social lo constituyen relaciones
de parentesco y de alianza, o relaciones políticas o
religiosas. Allí "la separación y la jerarquía de los
bienes nace de su uso en el funcionamiento de las
distintas relaciones sociales (parentesco, política, religión)... al participar en este funcionamiento múltiple,
bienes y monedas revisten utilidades y significados
múltiples y jerarquizados".[1] Ya antes Malinowski
había observado que la economía tribal no se define
por el trueque mismo o la mera ausencia de dinero
sino por los valores sobre los que este uso descansa:
"Nos encontramos con un estado de cosas donde la
producción, el cambio y la consumición están orga-
nizados socialmente y regulados por la costumbre, y

1 Citado por Godelier, 1982, p. 43.

donde un sistema especial de valores económicos tradicionales gobierna sus actividades y les estimula a reforzarse" (Malinowski, 1976, p. 100).

Puesto que el origen del dinero supone un tránsito gradual y difuso, la interpretación del origen no es tampoco una sola. Así, en una perspectiva psicoanalítica Horst Kurnitzky plantea que el origen del dinero está ligado a la transición de la endogamia a la exogamia y la instauración del tabú del incesto. Antes sería posible imaginar una comunidad que permanecía ligada a sus instintos y sin voluntad de ampliar su dominio sobre la naturaleza. El dinero, o más bien el intercambio interesado de bienes, marcaría una forma de mediación en la que las partes hacen un sacrificio –reprimen un deseo– pero también un cálculo de beneficios. Eso constituye, precisamente, la venta de la novia por parte de un clan a la familia del novio a cambio de la dote, y el consiguiente paso a la exogamia y la instauración del tabú del incesto, en tantas y tan variadas culturas a lo largo y ancho del planeta.

La explicación es la siguiente. El intercambio de reses como dote por la compra de la novia sería una transacción originaria en la que dos grupos claramente diferenciados efectúan una operación de interés de las partes. Este intercambio de equivalencias, como primera forma de transacción económica, inaugura, según Kurnitzky, un vínculo que funda la idea misma de dinero. La compra de la novia implica, por un lado, que la mujer pasa a reproducirse fuera de su ámbito familiar. Pero es al mismo tiempo un acto de represión del sexo femenino, por cuanto el sentido del intercambio es la reproducción mediata –fundación o refundación de la exogamia– y no ya el goce inmediato en la relación incestuosa, tal como se habría dado en la endogamia. En las más diversas zonas geográficas encontramos el mismo proceso que lleva desde la represión del deseo incestuoso al intercambio o compra de la novia por otra familia para dar paso a la exogamia, y de allí al desarrollo de la cultura: "...identificación de los deseos incestuosos reprimidos con el sexo femenino, supresión de estos deseos y su represión con la represión del sexo femenino, exogamia, sustitución del sexo femenino por el dinero para el casamiento" (Kurnitzky, 1992, p. 95). En efecto, "en el ritual del casamiento se hace un sacrificio, o sea la renuncia al incesto, simbolizada por la dote, a que pertenecen también las conchas y caracolas así como una serie de productos culturales que se deben a esa renuncia, y el sacrificante recibe asimismo por ellos un producto cultural: la mujer, cuya sexualidad, reducida a la capacidad de parir, ha sido promovida ahora al esquema general de la reproducción social..." (Kurnitzky, 1992, p. 197).

De modo que en esta perspectiva psicoanalítica de la cultura, el dinero, independiente de su materialidad (conchas o caracolas, cerdos o perros, sal o plátanos, oro o billete), queda definido originariamente como el fluido que lleva a la mujer desde su entorno incestuoso-endogámico a un mundo de otros. Fluido que sacrifica un deseo o una pulsión, difiere la gratificación inmediata, compensa las energías libidinales con el intercambio por un bien (la dote).

Curiosa función originaria del dinero en esta óptica: formaliza un intercambio en que se reprime o difiere el deseo, se rompe la reproducción restringida mediante el tabú del incesto, se consagra y la exogamia a cambio de una lógica de acumulación de bienes, y se subordina la reproducción sexual adentro de la producción social en general. Sean caracolas, cerdos o ganado, *la materia de la dote esconde –y revela– este cúmulo de transformaciones para las cuales sirve de vehículo.* "Predecesor del valor de cambio, el precio de la novia encarna ya en la fase más baja de la reproducción humana la relación natural medida socialmente... el hombre que paga por la novia al padre político renuncia al incesto, del mismo modo que el padre político por la misma renuncia recibe el precio de la novia, que es pues un producto cultural" (Kurnitzky, 1992, pp. 130-131). Se sella allí el fin de la era de la gratificación inmediata y el comienzo de la era de sacrificios pulsionales a cambio de conquistas sociales y culturales.

Pero también tiene el dinero otro origen: la sustitución del sacrificio humano por sucedáneos animales en el vínculo de una tribu o de un pueblo con sus dioses. Por motivos misteriosos, en tribus y pueblos muy distintos, el sacrificio humano en el altar de los dioses, fuese gesto de agradecimiento o solicitud, experimentó un proceso de sustitución del sujeto sacrificado. Así, el sustituto pasa a ser habitualmente un animal. El carnero, el perro y el puerco fueron los más habituales).[2] Y sintomáticamente, los animales sacrificiales también operaron como dinero o denominador común para la compra y venta de novias entre distintas familias o clanes.

Dote o sustituto sacrificial, el dinero aparece originalmente, en esta reconstrucción psicoanalítica de la cultura, como mecanismo efectivo de una transición profunda: de la inmediatez del deseo a su sublimación para la construcción social, del sacrificio humano ante los dioses a una relación mediada entre seres humanos y divinidades, de lo arcaico a lo civilizado. Por lo mismo, puede que el dinero haya sido detonante de cambios radicales en la cultura, la organización social y la subjetividad, o puede que no sea más que el último eslabón de una transformación

---

2 "Junto con el perro, el puerco fue uno de los primeros animales sacrificiales de Europa y Asia... en calidad de sustituto de un sacrificio real, probablemente anterior, de miembros femeninos de la sociedad, que a su vez representaban la sexualidad incestuosa reprimida" (Kurnitzky, 1992, p. 195).

profunda, el fin de una historia y el comienzo de otra, sólo un último símbolo o fenómeno en este gran giro de la especie. ¿Demiurgo o instrumento, elemento integrador en el seno de un mundo desparramado de deseos heterogéneos, o demonio del cálculo que trunca la inocencia del deseo?

2. Hitos del dinero

Vale la pena pasar rápida revista a cómo se desplegó históricamente el dinero. No es la idea de este libro detenerse en la historia, sino sólo mostrarla suscintamente para relativizar el peso actual del dinero y su circulación en nuestras vidas. No siempre fue así. Por el contrario, es una condición bastante reciente este mundo del dinero en que todo circula febrilmente en calidad de mercancía, y donde el dinero constituye el mediador casi absoluto que vincula a los sujetos con los bienes y servicios.

En casi todas las culturas el dinero fue, por mucho tiempo, una mercancía entre otras que operaba a la vez como artículo de consumo y como medio de cambio. Los aztecas usaron pasta de chocolate, los nativos de distintas regiones de la India usaron almendras, los guatemaltecos el maíz, los babilonios la cebada, y otros usaron como dinero la sal, el tabaco, los troncos, el pescado seco, el arroz o las telas (Weatherford, 1997, p. 43). El ganado fue antiguamente muy usado como medida de valor de las cosas. "La armadura de

Diomedes al decir de Homero, únicamente costó nueve bueyes, pero la de Clauco importó ciento. En Abisinia, se asegura que la sal es el instrumento de cambio y de comercio; en algunas costas de la India se utiliza cierto género de conchas; el pescado seco, en Terranova; el tabaco, en Virginia; el azúcar, en algunas colonias de las Indias Occidentales; los cuernos y las pieles en otros países."[3]

Un primer salto en la historia del dinero se produce con su reducción a metales preciosos que, a diferencia de los alimentos, podían reutilizarse como medio de cambio después de haber tenido usos prácticos en joyas o puntas de lanzas. La perdurabilidad del metal y la posibilidad de volver a convertirlo en medio de cambio luego de usarse, dio otro contenido al dinero. Además, en el dinero-metal hubo un primer movimiento hacia la abstracción del medio de pago, entendido como un objeto cuyo valor radica

---

3 Adam Smith, *La riqueza de las naciones*, citado por Kurnitzky, 1992, pp. 15-16. En Etiopía se distinguía entre la sal para el consumo y la sal como medio de pago con nombres distintos para la misma sustancia, y la sal también ha sido usada como medio de pago en Borneo, China, las islas Fiji y en la India (Kurnitzky, 1992, p. 158). Y respecto de las conchas: "En todas las llamadas culturas primitivas que conocemos, las conchas o caracolas, en cualquier forma que sea, constituyen parte importante de la compra de la novia, el sacrificio funerario, la iniciación, etc., allí donde se expresa en forma ritual la relación reinante con la naturaleza" (*ibíd.*, p. 160).

básicamente en su peso, su medida y su conservación, mucho más que en su utilidad.

Pero el mayor salto ocurrió cuando los objetos que lo representaban quedaron reducidos básicamente a un valor convencional y se independizaron respecto de su valor material. A mayor autonomía de la mercancía-dinero respecto de su materialidad, más fluye como dinero. Porque una vez que el dinero se hizo depositario de valor por convención o institución, su soporte material pudo variar según resulte más práctico: se hizo más liviano, multiplicable, móvil, expedito en las operaciones de intercambio e independiente de la disponibilidad de recursos naturales para emitirse. Reducido sólo a condición de equivalente general de todos los productos intercambiables, abrió el intercambio hacia esferas cada vez más extendidas de la sociedad, y reguló las relaciones sociales con un principio igualitario, aunque formal, de reciprocidad en los vínculos de intercambio. No es casual que la invención de la moneda, como primera expresión de este movimiento hacia el dinero abstracto o dinero-convención, llevó a sus primeros usuarios a transformar sociedades agrarias en urbanas, estamentales en democráticas, agrícolas en mercantiles, estáticas en dinámicas.

Jack Weatherford distingue tres grandes hitos en la historia del dinero a partir del momento en que éste se autonomiza respecto de su propio valor material y adquiere valor convencional: la invención de la moneda en Lidia, la invención y difusión del dinero en papel a lo largo de la modernidad, y la era del dinero electrónico y de la economía virtual a fines del siglo XX (Weatherford, 1997).

La invención de la moneda tuvo lugar en Lidia, en la actual Turquía, hace cerca de tres mil años. Condujo al primer sistema de mercados libres y fue decisiva en la conformación de las civilizaciones clásicas del mediterráneo. Según Weatherford, "una vez que la tecnología humana y la organización social se hubieron desarrollado al punto de emplear cantidades estandarizadas de oro y plata en los intercambios, fue sólo cuestión de tiempo que aparecieran monedas más pequeñas" (Weatherford, 1997, p. 52). Estas unidades fueron creadas por los monarcas lidios. La idea fue acuñar unidades de metal más pequeñas, más fácilmente transportables, de confección más rápida, y cuya legitimidad para el uso difundido en el intercambio fuera convencional: cada moneda llevaría impreso un emblema indicando su valor. Esto permitía ahorrarse el trabajo de pesar el metal en cada intercambio, lo que dio una fluidez sin precedentes al comercio y, con ello, generó en la sociedad lidia una prosperidad inédita en la historia. Por lo mismo, el ejemplo de Lidia fue rápidamente imitado por sus vecinos, los griegos, y "la revolución monetaria gatillada por los reyes de Lidia dio por concluida la tradición heroica griega e inició la evolución que los convertiría en una nación inspirada en el comercio", al extremo que "la grandeza de Grecia fue un subproducto de la revolución monetaria y mercantil de Lidia, de la introducción del dinero, los mercados modernos y la distribución mayorista y minorista" (Weatherford, 1997, pp. 62-63).

La hipótesis de Weatherford puede pecar de reduccionista pero no deja de ser sugerente, dado que plantea los alcances de la irrupción del dinero no sólo en la economía sino en la cultura y la organización política de la sociedad. En la Grecia clásica el dinero en moneda habría permitido, según esta hipótesis, el paso de una sociedad aristocrática y jerárquica a otra mercantil y democrática; y el uso social del dinero habría estimulado las facultades del cálculo y la contabilidad y, con ello, creado las bases culturales para un pensamiento filosófico abstracto y racional. La economía monetaria, más democrática y más proclive a la razón que a la emoción, habrían conducido a Atenas a manejar sus conflictos apelando al intelecto y no, como en el mundo mítico helénico precedente, a las pasiones. La monetarización de la economía sería, en esta perspectiva, la causa última de un cambio total que explicaría el desarrollo intelectual y la democracia política.

¿Hasta qué punto el dinero fue causa, y en qué medida catalizador de procesos en que concurren determinantes múltiples? Si bien no pretendo abordar esta pregunta aquí, importa destacar que el dinero no puede ser pensado sólo como medio de pago o de cambio, y para ello basta pensar en cómo se remueven las estructuras de una sociedad cuando se incorpora su uso, y en cómo se precipitan, coincidentemente, cambios sustanciales en la esfera cultural. Literalmente el dinero nos cambia la vida.

El segundo hito en la historia del dinero abstracto está representado por la introducción del dinero en papel por parte de los banqueros italianos del Renacimiento. La expansión e intensificación del comercio en las prósperas ciudades-estado de Italia fue a la vez causa y consecuencia en la introducción del uso de documentos que *representaban en lugar de encarnar* el oro y la plata que se usaba como medio de cambio. La emisión de papeles, hacia el siglo XIV, permitió acelerar la circulación del intercambio dado que las letras se movían más rápido y protegían las transacciones de cualquier siniestro. Las letras de cambio liberaron el dinero de los límites espaciales, de la disponibilidad de metales requeridos para acuñar monedas, y sólo la confianza de los comerciantes permitió difundir el uso del papel-dinero. Así, las letras de cambio se transformaron en dinero al circular hacia terceras, cuartas y quintas partes, transfiriendo también su exacto valor, de la misma forma que el dinero en billetes.

También aquí cabe preguntarse, como lo hace Weatherford, hasta qué punto el desarrollo científico del Renacimiento obedeció a un cambio de mentalidad promovido por esta revolución del dinero que obligó a desarrollar, en las operaciones cotidianas, las facultades del cálculo y la abstracción, la primacía de lo cuantitativo y medible por sobre lo cualitativo, sentando las bases para un pensamiento más afín al espíritu calculador y la investigación científica;[4] y en qué medida este dinero desencarnado y simbólico estimuló no sólo la especulación monetaria sino también la filosófica. ¿Fue esta combinación de abstracción cuantitativa y sentido utilitario, provocada por el dinero en papel, el móvil histórico para que se impusiera la *ratio* moderna, vale decir, una sensibilidad y una mentalidad centradas en la utilidad económica, en la primacía de lo cuantitativo y de lo abstracto por sobre lo cualitativo y lo inmediato, en el debilitamiento del juicio valórico frente al cálculo racional, en la sistematización progresiva de la

---

4 Weatherford propone una sugerente sincronía entre la difusión del papel-dinero en la Europa del naciente capitalismo comercial, y la difusión de los números arábicos que facilitó las operaciones aritméticas básicas y las extendió hacia una población más amplia: "Los siglos XIII y XIV trajeron consigo una revolución matemática que sustrajo el cálculo numérico del ámbito secreto de los magos y lo integró a las calles y negocios de toda Europa; la expansión de la banca hizo de Italia el centro de este nuevo desarrollo" (Weatherford, 1997, p. 126).

vida? ¿Cuánto contribuyó esta movilidad del dinero y su libertad respecto de la materia, a la movilidad social y a la libertad de reflexión? ¿Hasta dónde influyó esta segunda revolución del dinero en socavar poderes como el de la Iglesia o el señorío, y en hacer emerger el poder laico como forma política más afín a sociedades cada vez más mercantilizadas?

Por último, Weatherford sitúa la tercera revolución del dinero en las postrimerías del siglo XX, con la invención del dinero electrónico y la economía virtual. Sobre este punto volveremos hacia el final de estas páginas, pero vale la pena sugerir desde ya que este nuevo hito también ha provocado –y provocará– cambios que trascienden las meras funciones de aceleración y expansión del comercio y las finanzas. Estos cambios afectan la distribución de la riqueza, en la valoración de los objetos, en la soberanía de los Estados, en las categorías básicas de tiempo, espacio y velocidad, en la idea de comunidad y de mundo. Como si el destino mismo del dinero, en su transición histórica hacia niveles crecientes de uso, de abstracción y de racionalización, fuese también el destino de sus usuarios, modificados por el dinero en sus formas de vida y sensibilidad. Y como si ese destino estuviese signado por el paso de lo concreto a lo abstracto y luego de lo abstracto a lo virtual, connotando cambios análogos en la cultura y en la subjetividad.

II. Funciones y metafunciones del dinero: abstracción, racionalización y vaciedad

El concepto del dinero estuvo desde sus orígenes remitido a la idea de cambio o intercambio. La filosofía clásica restringió la reflexión sobre el dinero a su carácter instrumental o funcional, evitando imprimirle un alcance que fuera más allá de su carácter de *medio*. Platón definió el dinero, en un pasaje de su *República*, por su función de facilitar el cambio, y después Aristóteles entendió por dinero un signo destinado a servir de común medida para los objetos del intercambio y para agilizar dicho intercambio. En la Edad Media se impuso la idea de dinero como medida de los valores, y en el siglo XIV Nicolás Oresme también conceptualizó el dinero como intermediario de los cambios –instrumento, común medida, "tercera mercancía"–.

Con la irrupción de la Edad Moderna, y sobre todo durante el auge del capitalismo comercial y luego industrial, el dinero mantuvo su modesto rango instrumental en la reflexión ilustrada y en las consideraciones políticas. Sin embargo, la formación de la filosofía liberal moderna lo pobló de metáforas organicistas que, sin mitificar el dinero, lo fueron incorporando a la *naturaleza social*. Así, en el siglo XVII William Petty escribía, en su *Ensayo de aritmética política*, que "la moneda es la grasa del cuerpo político", mientras un siglo antes Hobbes, recurriendo también a la metáfora organicista, veía en el dinero la función irrigadora que la sangre cumple en los organismos vivos. En el siglo XIX, una vez que las ciencias sociales conquistaron su independencia respecto de las naturales, el dinero, retomado como instrumento que facilita las operaciones de cambio entre agentes económicos, pasó a constituirse en objeto de investigación y formalización por parte de la teoría económica. Y a partir de cierto desarrollo de la teoría, los economistas se arrogaron la exclusividad del tema, presumiendo que sólo ellos contaban con la formación técnica requerida para participar de esta reflexión. Las otras ciencias sociales, desde sus orígenes en el siglo XIX, estuvieron más ocupadas pensando otros temas como el trabajo industrial o el cambio social. Por lo mismo, el peso que el tema pudo adquirir en la sociología y en la filosofía con la publicación de *La filosofía del dinero* de Georg Simmel, en 1900, fue mitigado por la descalificación academicista que tildó de "ensayística" la obra de Simmel.

Simmel pensó el dinero como principio de racionalización en el intercambio social. Puesto en esos términos, el dinero retorna desde la dimensión objetiva del intercambio a la forma como nos incluye a nosotros, los sujetos, en ese mismo intercambio. Pero este retorno es también un vaciamiento del sujeto, dado que el dinero hace que los sujetos acudan "vacíos" a efectuar relaciones de intercambio: hace abstracción de todo contenido, convierte el vínculo en pura medida, el valor de las cosas en valor de cambio, la transacción en un vacío a ser colmado por cualquier contenido que se presente en el mismo intercambio.

La conmensurabilidad de los objetos, que permite hacer más fluido su intercambio, adquiere primacía si todos ellos se contrastan y comparan con un objeto que resulta infinitamente divisible. Según Simmel, el modo más desarrollado de divisibilidad se logra en el intercambio por dinero, dado que el dinero es la unidad que permite conmensurar cada objeto que se presenta como indivisible, facilitando e incluso presuponiendo el divorcio entre valor abstracto y contenido concreto de las cosas.

Visto en términos objetivos, el dinero es el elemento práctico que mejor encarna el principio de la abstracción; pero desde el lado subjetivo es el elemento concreto que desencarna a los sujetos respecto de la vida sensible y la inmediatez material. "El dinero –sostiene Simmel– objetiva las actividades externas del sujeto que se representan en general mediante transacciones económicas; y por tanto el dinero ha desarrollado como su contenido las prácticas más objetivas, más lógicas, las normas más puramente matemáticas, la absoluta libertad respecto de todas las personas" (Simmel, 1999, p. 128).

De modo que en el dinero toda calidad se traduce a cantidad (principio de la *ratio*); y toda forma y sustancia devienen pura suma de unidades de valor. Visto en esta perspectiva, el dinero electrónico o virtual constituye la fase final y extrema en la historia del dinero, sobre todo si se considera que esta historia supone un progresivo devenir abstracto, intangible y vacío del dinero. El intercambio se impone como práctica por la necesidad humana, pero luego se impone como racionalidad gracias a las funciones y abstracciones que allí efectúa el dinero. En su vaciedad, todo cabe. Pero también todo pierde especificidad. Este carácter vacío y desencarnado del dinero hace que tanto los objetos como los sujetos se representen en términos de pura racionalización, vale decir, sin sus singularidades respectivas y puestos en relación por unidades de medida. Y precisamente al constituir un principio de abstracción que permite reducir la diversidad de lo concreto, puede, inversamente, extender ilimitadamente lo concreto en sus formas y contenidos. Gracias a la institución del dinero, el mercado se vuelve el lugar de la comparabilidad infinita entre objetos, acciones y cualidades. A través del dinero construimos una sociabilidad compleja centrada en la diversificación progresiva de la producción de bienes y servicios, de las relaciones sociales y los intercambios económicos. Simmel vio este poder vinculante del dinero como principio de la complejidad social, y Luhmann, casi un siglo más tarde, ratificó la idea al señalar que "el dinero se caracteriza por lograr un máximo de poder vinculante con un mínimo de información".[5]

Pero el dinero no sólo es el medio para la comparabilidad infinita. Volvamos a la lectura freudiana que hace Kurnitzky de la historia, quien ve en el origen del dinero el origen de la reproducción ampliada de lo social, la fundación de la exogamia y de la civilización mediante la represión del incesto (el dinero-dote en la compra de la novia al padre por parte de otra familia). Tomando la reflexión de Simmel junto a la de Kurnitzky puede decirse que el dinero es simultáneamente el medio para la comparabilidad infinita, y medio de un sacrificio originario que difiere el placer. "La palabra dinero en su origen no significa otra cosa que sacrificio", dice Kurnitzky.[6]

***

5 Citado por Cousiño y Valenzuela, 1994, p. 99.

6 Y agrega: "Se trata también aquí de un sacrificio, y por cierto que del sacrificio del sexo femenino, sobre el que se funda un complejo básico de formas de organización social que, cuando menos en esta parte medular, atañe a todas las sociedades" (Kurnitzky, 1992, p. 172).

Sacrificio y complejidad, función originaria y función lógica del dinero pueden convivir en la historia. Al fin y al cabo, toda relación de dinero es de sacrificio porque en ella siempre se pierde algo a cambio de algo. Como sacrificio el dinero remite a la renuncia originaria de un bien propio, en aras de expandir el dominio colectivo sobre el entorno. Como señala Kurnitzky, "el sojuzgamiento de los deseos pulsionales inmediatos, es precisamente la condición necesaria para dominar con éxito la naturaleza exterior para explotarla" (Kurntizky, 1992, p. 194). Así, en el origen del dinero está dada esta intención-relación de señorío frente a la naturaleza, su dominio pero también el sacrificio interno de la comunidad con tal de ganar o preservar ese dominio.

Sin embargo, no es como dispositivo de sacrificio, sino como medio de racionalización universal, que el dinero hace posible extender los vínculos entre las personas sin límite geográfico, de población, de bienes, servicios, culturas e intereses. Simmel llega al extremo de atribuir al dinero la diversificación de estilos de vida, vínculos, formas y objetos de consumo, tan propia de la vida moderna: "El dinero, sostiene Simmel, simboliza la aceleración en el ritmo de vida, y (...) se mide en relación a la cantidad y diversidad de impresiones y estímulos que convoca y alterna (...) la tendencia y capacidad del dinero tiene el efecto psicológico de convocar la variedad y riqueza de la vida, es decir, el aumento del ritmo de vida" (Simmel, 1999, p. 505).

Esta percepción se inspira en la vida cosmopolita de las capitales europeas de fines del siglo XIX, y bien puede aplicarse hoy a la globalización, la aceleración del cambio en el capitalismo avanzado y la cultura posmoderna.[7] No es casual que coincidan, en la década de 1980, el concepto de "sistemas complejos" aplicado a la reflexión sobre la sociedad, y la globalización financiera. El "descentramiento" de la sociedad posmoderna está íntimamente relacionado con el hecho de que el dinero se impone como máximo poder regulador, y como tal lo desregula todo. La idea clásica de una sociedad dirigida y racionalizada desde el Estado o la política palidece ante el efectivo gobierno del dinero, que de manera cada vez más exhaustiva impone su mecánica en las decisiones que determinan las formas de vida y la calidad de vida de los sujetos.

El monetarismo neoliberal ha llevado al extremo esta voluntad de racionalización mediante el dinero durante las últimas dos décadas. Y lo hizo abogando por la liberalización económica, la desregulación del

---

7 En cierto modo la posmodernidad y la globalización, puestas como parte de un mismo proceso, son extensiones de la vida moderna citadina de fines del siglo XIX, tal como fue percibida por figuras tan disímiles como Marx, Baudelaire y Nietzsche.

comercio interno e internacional, la libre flotación de divisas y la restricción a los poderes políticos en los ámbitos de la economía. Una de las ideas filosóficas más caras al neoliberalismo de los años ochenta fue la tesis de Hayek, su teórico más emblemático, quien planteó que la diversificación progresiva de bienes y servicios intercambiables por dinero va de la mano con la idea de que ya nadie puede reunir suficiente información para regular la complejidad de dicho intercambio, y que por tanto el único medio eficiente de optimizar el intercambio es dejarlo a cargo de esta otra institución, el mercado, que por su propia naturaleza atomiza y distribuye la información entre todos aquellos que participan de él.

Como advirtió N. Luhmann, el dinero permite un máximo de poder vinculante con un mínimo de información. Cuanto más se impone el valor en dinero de todos los recursos y bienes existentes, menos necesitamos saber del contenido de ellos. Baste limitarnos a su expresión en dinero para que podamos situar cada objeto en relación con todos los demás. Por lo mismo, al sustituir la información por una *ratio* de medida comparable, se extiende sin límite de tiempo ni espacio nuestro vínculo potencial con todos los objetos. El mundo de lo medible e intercambiable por dinero se separa, así, del campo de la política o la cultura, conformando un sistema en sí mismo de interrelaciones cada vez más diversas.

El monetarismo, como expresión práctica de la filosofía o doctrina neoliberal, concurre con la posmodernidad en esta percepción de una sociabilidad tan compleja como imposible de normar o direccionar desde un punto único de fuerza o de conocimiento. La libre circulación del dinero en un orden globalizado va de la mano con este nivel de complejidad relacional que rebasa el concepto moderno de Estado-nación y puja por la autorregulación autónoma y descentrada de los agentes económicos. A mayor circulación del dinero, menos poder de intervención tiene el Estado sobre la economía. No es casual que en la década de los ochenta, en que la circulación del dinero se disparó y disoció respecto del intercambio de productos a escala global y adquirió una fluidez y autonomía inéditas, surgiera con fuerza la idea de crisis del Estado-nación como institución ordenadora: La idea es que a mayor subordinación de la vida social a transacciones dinerarias, menor es el poder de los gobiernos sobre el dinero que circula. Y a propósito del monetarismo de los ochenta, Cousiño y Valenzuela ven precisamente allí la confirmación de la tesis de Luhmann sobre la complejidad social y la conformación de subsistemas autónomos que echan por tierra el ideal iluminista de ordenamiento centrado o de síntesis político-cultural de la sociedad: "...un proceso de diferenciación de estructuras sociales que permite el surgimiento de un subsistema económico articulado monetariamente y que reclama autonomía frente a los otros subsistemas sociales (...) surge una forma social nueva que carece de centro, es decir, de una instancia que pueda representar a la sociedad y desde la cual se pueda observar e intervenir sobre todos los procesos (...) la función del dinero en las economías monetarizadas liquida toda pretensión de síntesis social" (Cousiño y Valenzuela, 1994, pp. 16-17 y 101).

El dinero posee tal energía centrípeta que reduce todo lo que toca al régimen de racionalización cuantitativa. Paradójicamente, puede expandir su función sin límite porque es un perpetuo vacío, siempre condenado a cobrar forma distinta de sí mismo. Puede encarnar en cualquier cosa porque en sí mismo es lo más carente de forma. El dinero está siempre eventualmente fuera de sí. Ésta es su fenomenología. No es pensable más que como un dinero-para, contiene en sí la permanente eventualidad de su propia negación. Nadie puede alimentarse de dinero, alojarse en el dinero, desplazarse sobre el dinero. Radical inconsistencia del dinero: en sí mismo *no es*, carece de inmanencia, su propiedad esencial es estar condenado a volcarse fuera de sí mismo, a trascender su propia materialidad inmaterial, a negar su insustancialidad encarnando en objetos, servicios o papeles.

Esta continua metamorfosis del dinero, entendida como incesante negación de sí mismo, guarda una fuerte analogía con la idea de que el dinero aparece históricamente ligado al sacrificio, vale decir, a un ritual en el cual algo se sacrifica para precipitar un nuevo estado de cosas. Recordemos que los primeros objetos de intercambio fueron los animales utilizados como sustituto de los humanos en los rituales sacrificiales: "Y como entre griegos, romanos, indos y germanos se sacrificaban principalmente reses, en general empleaban para 'ganado' y 'dinero' las mismas palabras. La res era lo que se presentaba a los dioses como sacrificio. En este sacrificio se expresa una relación de intercambio primaria, la que se da entre hombres y dioses y que posibilita toda 'vida humana', en todos los sentidos de la expresión".[8] Según Kurnitzky, el intercambio debe entenderse como "secularización del sacrificio". Y hoy, de manera mucho más secularizada y descarnada, la industria y el comercio armamentistas, como el narcotráfico transnacional, religan este vínculo entre dinero y sacrificio humano.

Podría incluso conjeturarse que el dinero tiene esta condición ontológica de estar siempre expulsado hacia fuera de sí mismo de la misma manera que el sacrificio, en su origen y en su esencia, implica

8 Kurnitzky, 1992, pp. 41-42. Y más adelante: "Puede suponerse que todas las formas del dinero que hoy circula por el mundo proceden, a través de una larga serie de antecesores, de un sacrificio humano" (*ibíd.*, p. 69).

arrojar la víctima fuera de la vida en una lógica de intercambio con los dioses –y más tarde, los animales-sustitutos de la víctima humana en el sacrificio serán también formas primitivas de dinero, objetos de medida de valor de otros objetos–. De esta manera, al definir el dinero por esta autonegación incesante estamos yuxtaponiendo una consideración ontológica del dinero como ser-fuera-de-sí, a un proceso histórico que se dio en múltiples culturas: la sustitución y remoción del sacrificio humano en el altar de los dioses.

Se produce así cierta afinidad entre ese ser-para-no-ser del dinero en el mercado y ese ser-para-otros del sacrificio. Del mismo modo que el dinero se niega todo el tiempo a sí mismo para metamorfosearse en objetos o servicios, así también el sacrificio del animal suprime al animal para obtener o cancelar algo a cambio. La imagen atávica no niega esta otra visión fenomenológica del dinero. Más aún, pueden permutarse los términos: *el dinero fue originariamente y siempre seguirá siendo el instrumento de un sacrificio, pero a su vez el no-ser esencial del dinero hizo posible que originariamente el dinero ocupara el lugar del sacrificio.*

Dejemos ahora a un lado la idea del dinero-sacrificio para concentrarnos en el concepto fenomenológico del dinero. Este último es el complemento de su definición funcional provista por el utilitarismo, la economía política y la teoría económica. Precisamente como un vacío referido a toda otra cosa, el dinero es un medio para lograr cualquier fin. Su vaciedad permite abundancia en sus usos. Simmel formaliza esta doble cara de manera curiosa: "Dado que el dinero no se relaciona en nada con un propósito específico, adquiere una relación con la totalidad de propósitos. El dinero es la herramienta que cuenta con el mayor número posible de usos impredecibles, y por ende posee el máximo valor alcanzable en este sentido. La mera posibilidad de usos ilimitados que el dinero tiene o que representa, debido a su carencia de contenido propio, se expresa positivamente por el desasosiego propio del dinero, su urgencia de usarse, por decirlo de algún modo" (Simmel, 1999, p. 212).

Vaciedad y funcionalidad son dos caras de la misma moneda. Simmel plantea explícitamente que el dinero, como un vacío referido a toda otra cosa, es un medio para lograr cualquier fin. A mayor vaciedad, mayor abundancia en sus usos. En la medida que la vaciedad se expresa en la total desvinculación respecto de los fines del dinero, también se expresa en la absoluta indiferencia respecto de sus usos, lo que permite extenderlos indefinidamente.[9] Aristóteles intuyó esta vacuidad del dinero al insistir sobre la diferencia entre dinero y riqueza, y postular, en su

---

9 El dinero, dice Simmel, "es totalmente indiferente respecto del propósito específico a cuya consecución contribuye" (*ibíd.*, p. 211).

condena a la usura, la esterilidad intrínseca al dinero, criterio que también compartieron los escolásticos hasta fines de la Edad Media. Pero al mismo tiempo sostuvo que el dinero, aunque tiene como función especial servir como medio de cambio, debe ser también en sí mismo un objeto útil que "independientemente de su función monetaria, tenga un valor de cambio que pueda ser comparado con otros valores".[10]

Con su enfoque metalista del dinero, Aristóteles volvió a recubrir lo que en un principio había puesto al descubierto, a saber, la inconsistencia propia del dinero. El error que lleva a consignar materialidad al dinero nació de la ambivalencia del metal-dinero: medida de cambio que, retirado del mercado, podía fundirse y usarse para otros fines. A partir del siglo XVIII, con los economistas clásicos, la polémica en torno de la importancia de la moneda metálica (o sea, la consistencia material del dinero) se resolvió en el triunfo teórico de Adam Smith sobre Turgot. A juicio del primero, la moneda metálica correspondía a un sistema costoso y retrógrado. Según David Ricardo, el dinero era, como para Smith, un bono de compra, y la circulación de la moneda metálica sólo contribuye a aumentar los precios. Allí se selló la discusión abierta por Aristóteles: ¿es el dinero una mercancía o representa y conmensura, por el contrario,

---

10 Citado por Schumpeter, 1971, tomo I, p. 76.

toda *otra* mercancía? Para los metalistas el papel dinero era siempre dependiente de su convertibilidad en el dinero "verdadero" o "sustancial", que es el metal: sólo es un título que indica que el pago se hará posteriormente en moneda metálica. Los nominalistas, por el contrario, negaron que la esencia del dinero consistiera en sustancia costosa (oro o plata). Siempre podrá haber un sistema monetario bien regulado, abunden o no los metales preciosos, y por ende el dinero no es en sí mismo una mercancía sino un signo que sirve para intercambiar otros bienes.

Pero en uno u otro concepto el dinero apunta siempre hacia fuera de sí mismo. Bono de compra o medio de pago, tiene como condición esencial su disposición permanente a plasmar en algo distinto de sí. Como mero signo, no puede sino estar siempre convirtiéndose en otra cosa. Para los metalistas el papel dinero debe ser siempre convertible en "dinero verdadero", y por lo tanto su sustancia también está fuera de sí. Pero una vez más, pensar el dinero-metal como sustancia costosa es olvidar que su "metalidad" se sumerge cuando entra en uso como dinero. La verdad del dinero radica precisamente en que *sólo careciendo de toda consistencia se constituye en un medio consistente para cualquier intercambio.*

El dinero es *ninguna cosa capaz de convertirse en cualquier cosa*, lo que puede parecer tautológico. Que el dinero sea "nada" es tan obvio como poco reflexionado en sociedades mercantiles. Un caso característico de este olvido se dio en la dignificación del dinero por parte de la ética mercantil del Renacimiento. Los comerciantes y banqueros del naciente capitalismo comercial "hicieron del comercio una virtud y del dinero una religión profana" y "no hay duda de que esta forma de ver se ha impuesto hasta nuestros días" (Mairet, 1978, p. 212).[11] Los comerciantes instituyeron la operación *dinero-mercancía-dinero* que colocó al dinero como principio y fin y no como simple instrumento de las transacciones económicas. No es raro que en el siglo XVI el inglés Armstrong afirmara que toda riqueza de un país consiste en obtener de otros países dinero contante por sus mercaderías y que es preferible tener una provisión abundante de oro y plata que muchos comerciantes y una abundante provisión de mercaderías. En la misma época, Bodino señalaba que el oro y la plata constituyen la riqueza de un país y deben excusar en parte la carestía, mientras que Antoine de Montchrétien afirmaba que no se vive tanto del

---

11 Y Leo Huberman agrega: "La próxima vez que alguien diga que 'es de naturaleza humana' el afán de lucro, se le podrá demostrar cómo este afán devino 'naturaleza' humana. Muéstrele cómo el ahorro y la inversión, prácticamente desconocidos en la sociedad feudal, lentamente se convirtieron en lo que hay que hacer en la sociedad capitalista para la gloria de Dios" (véase Huberman, 1972, p. 227).

comercio de mercancías como del oro y la plata. El Rey Midas pareció reencarnar en el espíritu mercantilista del siglo XVI. El ideal de la ciudad celeste de la Edad Media fue sustituido por el mito del dinero. No sólo se lo exaltó como medio del progreso, sino también como su finalidad. Contra la advertencia de Aristóteles, dinero y riqueza se convirtieron en términos homologables.

En cierta forma, la ética del capitalismo comercial endiosó la nada. El dinero se convirtió en relevo de la beatitud, y en una de sus cartas Cristóbal Colón proclamó con entusiasmo que con el oro pueden hasta "llevarse las almas al Paraíso". La ideología del mercader fue una "ideología profana... pues para él lo sagrado es el dinero... es el advenimiento de una cultura completamente laica lo que marca la mentalidad del burgués cambista" (Mairet, 1978, p. 225).

El endiosamiento del dinero en los comienzos de la modernidad fue parte de un proceso que incluyó la primacía del comercio (y de la ciudad sobre el campo), el desarrollo de una cultura y un poder laicos, el colapso del mundo feudal estamental y de las obligaciones impuestas por los gremios corporativos, la nueva hegemonía de la cosmovisión del mercader-capitalista y la moralización de la ganancia. Rotas las trabas doctrinarias, políticas e institucionales, el dinero fue moldeando las prácticas y las reflexiones. Simmel advirtió, mucho antes que Weatherford, la coincidencia entre el capitalismo comercial del Renacimiento y el origen de las ciencias modernas, afirmando que el impulso adquirido por la circulación del dinero en todas las esferas de la sociedad es la mejor representación de una tendencia cognitiva de las ciencias modernas, a saber, la reducción de factores cualitativos a cuantitativos.[12] Según Simmel, cuando las relaciones de intercambio son comandadas por un símbolo que pierde cada vez más su relación material con el fenómeno específico que se intercambia (como es el dinero), esta forma de vida no sólo presupone una expansión fuerte de procesos mentales (baste considerar, dice Simmel, las complejas precondiciones psicológicas requeridas para cubrir cheques con reservas de efectivo), sino también la intensificación de las facultades intelectuales y una reorientación de la cultura hacia las operaciones abstractas. Y concluye de manera bastante terminante que "la idea de que la vida se basa esencialmente en el intelecto, y que el intelecto se acepta en la vida práctica como el mayor valor de nuestras energías mentales, va de la mano con la expansión de la economía del dinero (...) el crecimiento de las habilidades intelectuales y del pensamiento abstracto caracteriza la época en que el dinero deviene más y más un mero símbolo, neutral en su valor intrínseco" (Simmel, 1999, p. 152).

---

12 Véanse Simmel, 1999, p. 277, y Weatherford, 1997, p. 129 y ss.

Weatherford sugiere, por su parte, que la progresiva *decimalización* del dinero entre los siglos XV y XVIII, vale decir, la adopción en distintos países de unidades divisibles en diez partes para racionalizar el uso del dinero, tuvo una relación directa con el hábito de reducir diferencias cualitativas a cuantitativas. La tendencia a la enumeración, propia del uso del dinero *racionalmente divisible*, habría impulsado, según Weatherford, el desarrollo de las matemáticas y luego de las ciencias: "El sistema decimal y su gemelo, el sistema métrico, no sólo cambiaron la forma en que la gente manejaba el dinero y los números, sino que transformaron su forma de razonar. Un novedoso empirismo del pensamiento, junto con una estricta disciplina monetaria en el empleo de los números y las categorías, tuvo gran impacto en el despertar intelectual que significó la Ilustración en el siglo XVIII" (Weatherford, 1997, p. 204). El impulso inicial al pensamiento racional-decimal, dado por el uso cotidiano de un dinero decimalizado, habría dado pie no sólo al desarrollo de las ciencias físicas y matemáticas, sino también al positivismo, la economía política y la ciencia social positiva. Y "otro tanto sucede con la lógica, cuya falta de cualidad, que hace comparable todo con todo, se basa tan sólo en una abstracción de intercambio. Por eso pudo decir Marx que la lógica es el dinero del espíritu" (Kurnitzky, 1992, p. 54).

La idea extrema es que todas las revoluciones epistemológicas desde el Renacimiento hasta principios del siglo XIX estarían culturalmente condicionadas por la racionalización intelectual cuyo origen descansaría en la institución difundida del dinero, y al mismo tiempo, en el devenir-racional (decimal) del dinero y en la abstracción progresiva del dinero en relación con la materia. ¿Reduccionismo? Puede ser, tanto en Weatherford como en Simmel. Pero no deja de inquietar el planteo de Simmel cuando compara el uso moderno del dinero con la relación platónica entre las ideas y las cosas sensibles, similar a la relación entre objetos y valor económico. En otras palabras, el carácter de símbolo puro que permite medir/valorar todo lo que es sensible se da tanto en el dinero como en las ideas platónicas (Simmel, 1999, pp. 157-158). La cuestión, entonces, reside en preguntarse por la relación de causalidad o sincronía entre las funciones mediadoras y racionalizadoras del dinero en la vida práctica, y las funciones de la racionalidad intelectual que mide, calcula, conmensura, abstrae, deduce, proyecta e impulsa el desarrollo de las ciencias naturales y también las sociales (o la pretensión de pensar científicamente lo social).

El determinismo sugerido por Weatherford y Simmel resulta difícil de creer, y tal vez resulte más sensato plantear una causalidad recíproca o avance conjunto entre el dinero en la vida práctica y la *ratio* en el campo del pensamiento. Como si ambas dinámicas pertenecieran, al decir de Foucault, a una misma *episteme*, o a un mismo universo discursivo regido por el cáculo y la racionalización. En el propio Simmel no es clara esta relación de causalidad. Por momentos pareciera que ve en el uso difundido del dinero, como símbolo abstracto de cuantificación y medida, la causa eficiente para el desarrollo de las facultades intelectuales; y por momentos pareciera reconocer una interrelación entre estas últimas y el dinero, dentro de una cierta estructura cultural o campo teórico-práctico de la razón, donde ambos elementos –dinero y *ratio*– participan y se refuerzan.[13] Pero esta causalidad que une el dinero a una cierta voluntad de racionalización, o privilegio de la razón intelectual, no agota la reflexión filosófica del dinero ni el fundamento meta-económico del mismo. Volvamos para ello a una idea anterior, a saber, que el dinero tiene como propiedad esencial ser "nada" o estar siempre fuera de sí. Los bienes y los servicios, considerados por unidad, pueden tener más de un sentido, pero éstos son limitados por la consistencia o los usos posibles de tales bienes o servicios. No ocurre lo mismo con el dinero, precisamente porque no tiene un

---

13 Más aún, divide su *Filosofía del dinero* en dos grandes partes, según si el dinero es causa o si es consecuencia de una serie de condiciones de la subjetividad y la sociabilidad.

uso en sí mismo, y su sentido es al mismo tiempo su negación o disolución: convertirse en otra cosa. La pura formalidad del dinero lo priva de todo sentido actual, pero lo dota a la vez de sentidos potenciales inconmensurables. Podríamos definir, pues, el dinero como el único producto social que en sí mismo no es nada, pero que potencialmente contiene en sí todos los bienes y servicios existentes, y cuyo sentido es siempre indeterminado. Una vez determinado, el dinero desaparece: se metamorfosea en otra cosa o bien cambia de volumen.

Por otro lado, Simmel también incluye en su filosofía del dinero una visión general de la historia donde el dinero se va alzando como un dios creado por el hombre y que esclaviza al hombre. Pero al mismo tiempo rescata, de esta historia, el hecho de que el dinero le permite a la humanidad romper el vínculo estrecho con el entorno y proyectarse hacia espacios y esferas cada vez más lejanas (del mismo modo que Kurnitzky ve en positivo la compra de la novia mediante la dote del clan, como forma de superar la endogamia y construir civilización). La circulación de bienes en el capitalismo moderno supone, según Simmel, que los sujetos no se identifican con aquello que producen mediante su trabajo, y que la relación con los bienes, a diferencia de las economías primitivas, está mediatizada por las transacciones en el mercado. Ese extrañamiento respecto de lo inmediato es consistente con esta otra mediación –abstracción generalizada que subyace al dinero–. La vaciedad del dinero también opera vaciando los objetos-mercancías del trabajo encarnado en ellos, borrando las improntas singulares en el equivalente general que es el dinero. Separa los objetos de la memoria plasmada en ellos para subsumirlos en la nada-dinero: pura unidad de medida. Dialécticamente, cuando esa nada-dinero *encarna* en un objeto o servicio que se adquiere con dinero, el objeto o servicio se *desencarna* para aparecer como cantidad de dinero. Más aún, Simmel sugiere que para que el dinero opere como vaciedad, deben primero vaciarse los vínculos de inmediatez con los productos, vale decir, exige el extrañamiento de los sujetos respecto de lo inmediato. Para que el dinero sea una mediación eficaz debe operar en un mundo ya mediatizado (por el dinero mismo, entre otras cosas).[14]

Abstracción y vaciedad van de la mano como proceso social y como naturaleza del dinero: más se impone la abstracción, más se desmaterializa lo real. A medida que objetos –y sujetos– quedan redefinidos

---

14 Volviendo a Luhmann, el dinero permite relacionarse con una gama inconmensurable de objetos y servicios que desconocemos pero de los cuales recibimos, por su precio en dinero, señales de información que nos permiten juzgar nuestra proximidad o distancia con ellos.

por medidas de comparación cuantitativa, el mundo se despuebla de objetos y sujetos. Esta forma de racionalización, que también puede entenderse como enajenación, ha sido objeto de reflexión recurrente en la modernidad y el capitalismo. A diferencia de Marx, que se concentró en los procesos de trabajo y en la formación del capital, Simmel vio en el dinero la causa última de esta *ratio* moderna que combina vaciamiento y abstracción. Casi un siglo después, un lector lúcido de la posmodernidad y el capitalismo tardío, como es Fredric Jameson, parece no diferir demasiado, colocando el dinero como centro real tanto de la *ratio* abstracta de la modernidad como de la vaciedad de sentido. "Creo que la abstracción modernista –advierte Jameson– es menos función de la acumulación de capital que del dinero mismo en una situación de acumulación de capital. El dinero es aquí tanto abstracto (al convertir todo en equivalente) y vacío y desprovisto de sentido, dado que su interés radica fuera de sí mismo (...) dirige la atención a otra parte, más allá de sí mismo" (Jameson, 1998, p. 160). Como una nada convertible en cualquier cosa, el dinero es un sinsentido preñado de sentidos potenciales. Pero como equivalente general, encarna la tendencia de todo objeto a desencarnarse para poder vincularse en términos puramente conmensurables a ese equivalente general.

Según Simmel, esta *desencarnación* o vaciamiento de lo inmediato determina tanto las valoraciones subjetivas modernas como los valores económicos, o más bien resuelve las primeras en las segundas: "La forma técnica de las transacciones económicas produce un reino de valores más o menos divorciado de la sub-estructura subjetiva-personal. Si bien el individuo compra porque *él* valora y desea consumir un objeto, su demanda se expresa efectivamente sólo por un objeto en calidad de intercambio" (Simmel, 1999, p. 79). La subjetividad queda, a la vez que privada de la inmediatez, enriquecida por su contenido esencialmente relacional.[15] El dinero promueve y al mismo tiempo corona esta pendiente en que la subjetividad se redefine por una red cada vez más extensa de transacciones entre sujetos, donde las valoraciones de cada cual se compenetran con los valores expresados en dinero. Simmel propone una fórmula bastante cercana a la dialéctica del amo y el esclavo en Hegel: "El significado filosófico del dinero es que representa en el mundo práctico la imagen más certera y la cristalización más clara de la fórmula de todo ser, en virtud de lo cual todo ser recibe su significado en intercambio con otro, y su ser está determinado por relaciones mutuas" (Simmel, 1999, p. 129).

---

15 Como se verá más adelante, este carácter relacional también ejerce un efecto fuerte de relativización de todos los valores, fenómeno cultural típicamente moderno.

Esto lleva a un nuevo corolario, a saber, que la racionalización del dinero va de la mano con la realización del carácter esencialmente relacional de los individuos en una economía de creciente complejidad –carácter relacional en el que lo concreto se hace cada vez más abstracto, lo inmediato cada vez más mediato, y los valores cada vez más monetarios–. Cuanto más se enriquecen las relaciones de intercambio en dinero, más se reduce la singularidad de los sujetos a un conjunto de operaciones centradas en la conmensurabilidad y canjeabilidad de deseos y fines que esos sujetos se proponen. La dialéctica hegeliana se une aquí con la descarnada visión weberiana sobre la razón moderna. Más se despliega el espíritu, más se despersonaliza. Más avanza la racionalización, más se sustituye lo cualitativo por lo cuantitativo. Más se extiende el uso del dinero, más abstracto se vuelve el mundo y más se sublima la relación del individuo con sus fines y los objetos de sus deseos. Dicho de manera extrema: "El dinero es la más pura reificación de los medios: un instrumento concreto que es absolutamente idéntico con su concepto abstracto; es un instrumento puro. La tremenda importancia del dinero para entender los motivos básicos de la vida reside en el hecho de que el dinero encarna y sublima la relación práctica del hombre con los objetos de su voluntad, su poder y su impotencia..." (Simmel, 1999, p. 211).

Simmel atribuye al dinero la racionalización formal que Weber vio en el desarrollo de la modernidad: en la medida que el dinero se constituye en el medio universal para cualquier fin humano, también puede invertirse la relación y el medio cobra autonomía e incluso determina fines. Dado que concentra, como medio, el camino a todo fin posible, no sólo es un medio para fines previamente propuestos, sino que "provoca", o bien "propone" cualquier otro fin desde su propia potencialidad de traer a la realidad cualquier fin posible. La indeterminación intrínseca al dinero hace posible que el medio-dinero pueda devenir "el fin de los fines" (en el doble sentido de la palabra fin). Esto, porque mientras una amplia variedad de mercancías sólo pueden intercambiarse por un valor –el dinero–, éste puede cambiarse por cualquiera de las mercancías; y porque en todo momento, una suma determinada de dinero equivale al *mayor objeto de deseo* equivalente en cualquier individuo, vale decir, siempre el dinero adquirido o poseído puede cambiarse por el objeto que, proporcional al monto de dinero, mayor satisfacción produce. Con esta propiedad, el dinero no sólo se usa: seduce. Mientras los objetos pierden su novedad y disminuyen en nosotros su potencial de satisfacción, el dinero disponible siempre puede servir para adquirir, proporcionalmente, el objeto o servicio nuevo que más nos satisface en el presente en relación a la cantidad de dinero disponible.

Por lo mismo, el dinero es *medio pero también creador de fines.* Como medio, tiene el poder de diversificar los fines. Tiene también un doble carácter productivo: instrumento para fines y creador de fines. Simmel ya percibió esta capacidad del dinero de ir más allá del mero medio y potenciar los deseos. En la medida en que "es la institución a través de la cual el individuo concentra su actividad y sus posesiones para lograr metas que no podría lograr de manera directa" (Simmel, 1999, p. 210), multiplica las posibilidades de adquisición. Y a medida que estas posibilidades se expanden, crean también nuevos deseos. Paradoja del dinero: como medio, es heterónomo respecto de aquello a lo cual sirve; pero su propia circulación es capaz de despertar o crear deseos sobre nuevos objetos.

Anverso y reverso de un mismo proceso, la *ratio* abstracta y el dinero despueblan el mundo para repoblarlo bajo pura forma, desprovista de singularidad. Valga, como corolario, la extensa cita de Simmel: "Ésta es la importancia incomparable del dinero en el proceso evolutivo de la mentalidad práctica; alcanza la reducción más lograda de las cualidades específicas y de toda manifestación empírica contingencial. Lo que podríamos llamar la tragedia de la formación de los conceptos humanos radica en el hecho de que el concepto más alto, que en su aliento abraza un número creciente de detalles, supone una pérdida progresiva de contenido. El dinero es la contraparte práctica de esta categoría más alta, a saber, un modo de ser cuyas cualidades son la generalidad y carencia de contenido; un modo de ser que encarna estas cualidades con poder real, y cuya relación con todas las cualidades contrarias de los objetivos transados, y con sus constelaciones psicológicas, puede ser interpretada tanto como servicio y como dominación" (Simmel, 1999, p. 221).

¿Hasta qué punto el dinero como equivalente general, vacío de sustancia y denominador común de todos los objetos, se vuelve la versión mundana del idealismo platónico, encarna en las prácticas cotidianas la metafísica de los conceptos, une lo universal con lo puramente formal? Simmel eleva el dinero a corolario y motor de la filosofía occidental. Pero a la vez que lo eleva, lo coloca en la base de los aspectos más problemáticos de la modernidad: el dominio de la razón formal y de la alienación, dada la eficacia del dinero para racionalizar y despojar de sustancia. Causa y consecuencia, motor y corolario, aliciente de la abstracción y efecto de la misma.

III. Transferencia de sentido, sentido del dinero

En las economías primitivas, como también en gran medida en el mundo medieval y teocéntrico, en las corporaciones de artesanos y en sociedades agrarias con escasa integración al mercado, la vida social se regulaba por la tradición, la costumbre, las relaciones de parentesco, la jerarquía de la familia o de la comunidad. El hombre habitaba un mundo de sentidos definidos, posesiones delimitadas y hábitos fijados. Una fuerza exógena (la religión, el señor feudal, el patriarca, el maestro, las normas de convivencia) podía reducir la infinitud de sentidos posibles de la existencia a una serie ordenada y delimitada de sentidos establecidos. De alguna manera, había una transferencia general del sentido a figuras e instituciones cuya autoridad no se cuestionaba. O inversamente, eran éstas figuras e instituciones las encargadas de decidir sobre el sentido de la existencia de todos.

La sociedad mercantil del Renacimiento inició, en este punto, una ruptura y una inflexión radical que dio origen a la modernidad: *endogenizó* la producción de sentido, vale decir, colocó la fuente u origen del sentido al interior de cada sujeto. Con esto dio luz al sujeto moderno. Poco a poco el lugar del señor feudal, el maestro artesanal, el sacerdote o la tradición fueron cediendo terreno, en el orden simbólico, al ímpetu de autonomía que se iniciaba en el emergente orden material. El comercio, el mercado y el lucro privado erosionaron las antiguas figuras de autoridad; y en aquellas fuerzas emergentes, o a su abrigo, también se fue construyendo un ideal del yo autónomo, abierto al cambio, con voluntad de emancipación, rebelde ante la tradición y las figuras de poder. Apareció allí el sujeto de la modernidad, o bien el sujeto que crea a la modernidad, arrogándose la libertad y la voluntad de construir sus propios sentidos.

Las relaciones modernas entre los sujetos devinieron prioritariamente relaciones entre agentes autónomos y *a la vez* entre propietarios individuales. Allí se desenvuelve un proceso de dos caras. Por un lado, al romperse las trabas de las costumbres y de la autoridad convencional el sujeto individual rescató para sí mismo la potencia de asignar al mundo sentidos personales y de diversidad indeterminada. La expansión del conocimiento en la cultura del Renacimiento es en buena parte deudora y detonante de esta liberación. Cada cual podría considerar su relación con los demás, sobre todo en calidad de propietario o propietaria potencial de los bienes y servicios que los demás estarían dispuestos a ofrecer.

Pero ésa es sólo la primera cara del proceso. Tal como sujeto autónomo y propietario individual acabaron –¿o comenzaron?– siendo dos caras de la misma moneda, a la transferencia humanista se opone una de tipo mercantil. *El sujeto moderno se (auto)transfiere el poder de otorgar(se) sentidos, pero al mismo tiempo transfiere al dinero este potencial de sentidos indeterminados.* La autonomía y la *ratio* entraron a convivir como anverso y reverso. Y en gran medida no es arbitrario que el sujeto transfiera el poder de dar sentido al dinero, vale decir, que se abra a un mundo inconmesurable y abierto, pero que a la vez lo pueble con equivalentes generales, y ponga allí sólo objetos cuyo valor de uso pueda traducirse a valores de cambio. El sujeto moderno nace con una economía del dinero donde todo adquiere sentido en su posibilidad de apropiación personal, y donde los sentidos se conmensuran en el precio de sus objetos y deseos.

Esta transferencia-dinero ya tenía sus precedentes en el mundo clásico. Es sintomático que las primeras monedas de la cultura de Occidente llevaran impresas el símbolo sagrado del templo donde son acuñadas (de Atenea en Grecia, de Juno en Roma), como si allí se acuñase el paso de la transferencia mercantil: de la infinitud supraterrental a las infinitas posibilidades del dinero. El sello de lo inconmensurable encuentra en la moneda en metal su forma reconocida. Acompaña al proceso de transición de las culturas agrarias a la conformación de las polis griegas, al desarrollo del comercio y al de la vida mercantil ya en algunas sociedades mesopotámicas, y luego en Atenas y Roma. La acuñación *en* el templo refleja esta transición entre dos órdenes sociales y dos escalas de valores. La moneda nace como materia divina para convertirse en el receptáculo de la transferencia propia de la sociedad mercantil. En la Roma Imperial esta transición será simbólicamente completada al inscribir en las monedas acuñadas no ya la imagen divina, sino la del César: poder terrenal y propiedad terrenal serán entonces los dos fundamentos de la institución de la sociedad.

Quisiera proponer aquí una conjetura o hipótesis, a saber, que el *uso difundido del dinero produjo históricamente una transferencia decisiva: de la inconmensurabilidad de sentidos en la conciencia humana a la indeterminación del dinero, a la infinita traducción posible del equivalente general en valores de uso.* Dicho de otro modo, el poder inconmensurable de interpretar el mundo por parte del sujeto moderno (ese héroe prometeico que le roba el fuego a los dioses), se transfiere al potencial indeterminado de adquisición inscrito en el dinero. Mediante el dinero, la producción de sentido encarna –y se acota– en la adquisición potencial de bienes y servicios cada vez más diversos. Y mientras más se diversifica el uso posible del dinero, más absorbe la voluntad de sentido de los sujetos que a diario compran y venden con dinero.

La transferencia-dinero trastoca doblemente al sujeto. Por un lado, éste transfiere su potencial al potencial de posesión, su conciencia intencional a la intención de poseer o adquirir, su apertura al mundo a dominio o propiedad del mundo. Y por otro lado hace suyo un orden instituido donde la potencialidad, la intencionalidad, la apertura y el dominio pueden conmesurarse mediante un equivalente general, y más aún, sólo tienen valor si son conmensurables en dinero. Así, el sujeto transfiere el sentido o el "dar sentido" al poseer o el apropiarse, y luego traduce cualquier posible apropiación en su valor en dinero. Humaniza el dinero a la par que se deshumaniza a sí mismo (viejo *leitmotiv* humanista de la alienación). El hombre-propietario encuentra en el dinero su vínculo nodal con el mundo. Lo que importa aquí es que el dinero no constituye ya un simple *mediador o instrumento*, sino un *mediatizador o reductor*. Cuando se lo quiere definir por sus funciones y no por su sentido, se soslaya –y se confirma– esta mediatización del sujeto por el dinero.

La transferencia-dinero supone y refuerza un mundo donde los sujetos se relacionan como propietarios individuales que, además de poseer, siempre buscan *poseer más*. Tal como el dinero permite usos indeterminados, es indeterminada la cantidad de dinero susceptible de ser poseído por un individuo, y siempre puede tenerse más de lo que se tiene. No hay sosiego en el mundo regido por el dinero. La indeterminación, tanto en volumen como en uso eventual del dinero, es la adrenalina de esta transferencia-dinero. Y si carecemos de dinero es como si nos faltaran posibilidades para realizar nuestra existencia. El dinero satisface y a su vez cristaliza esa misma carencia. Transferimos nuestra inconmensurabilidad existencial a una nada, nuestro ser total a un total no-ser. El dinero abre un gran hueco en nosotros que sólo puede colmarse con... ¡más dinero!

Cuando internalizamos el uso del dinero ocurren cambios violentos en la percepción y el uso del tiempo. Si la rápida circulación del dinero es lo que permite diversificar sus usos y, en contrapartida, incrementar la masa de dinero que circula, cuanto más comprimimos el tiempo, más podemos ejercer a través del dinero nuestra mediación con el mundo. Esta racionalización del tiempo no se da en sociedades que no hayan consumado la transferencia-dinero. En el mundo medieval y en los feudos el tiempo tiene un sentido distinto, dado que la naturaleza rige, con sus ciclos, el uso del tiempo, y en los monasterios el tiempo se valoriza por el desarrollo espiritual que hace posible. Pero al mercader del Renacimiento le hará falta "un calendario con fechas fijas para oponerlo allí donde no existía más que un calendario regido por fiestas movibles que difícilmente podía utilizarse en los negocios... la introducción del reloj que sonaba regularmente las veinticuatro horas de la jornada fue obra del comerciante... al imponer en todas partes el reloj que midiera un tiempo regular y fijo, el burgués de las ciudades transforma radicalmente la vida social misma, es decir, el trabajo y el reposo... no será ya la hora de los clérigos sino la hora laica y municipal la que guiará la actividad de todos los habitantes de la ciudad" (Mairet, 1978, pp. 227-228). La transferencia-dinero, la identificación de dinero y riqueza y la consideración de la utilidad como fin último de la vida social revolucionan el sentido del tiempo. Atravesado por la promesa y seducción del dinero, el sujeto va a centrar su atención y disciplina en maximizar el uso del tiempo, vale decir, en regimentar o racionalizar su vida cotidiana.

Pero ya en los orígenes de la modernidad, a la transferencia-dinero del mercantilismo renacentista, el calvinismo pliega una transferencia religiosa a través de la cual el sentido último lo depositamos en la omnipotencia y voluntad de Dios. Lo que parecía una contradicción, el calvinismo lo resuelve como síntesis de ambas transferencias en la que se combinan, sin contradecirse, la transferencia-dinero de la sociedad mercantil y la transferencia-Dios –del mundo teocéntrico– que la precede. Ser productivo y honrar a Dios van juntos. En su estudio sobre la ética protestante, Max Weber hizo célebre un texto del calvinista Benjamin Franklin (*Advice to a Young Tradesman*) en el cual los consejos de productividad no son un mero llamado a la sensatez mercantil sino una verdadera ética que debe cumplirse con el rigor que manda una doctrina religiosa.

La ética puritana –la de Benjamin Franklin– parece, no obstante, tan sólo exacerbar el endiosamiento del dinero ya incipiente en los comerciantes del Renacimiento. Pero en los textos de otro calvinista, Richard Baxter, Weber cree descubrir la relación entre la *ascesis* puritana y el espíritu capitalista. Allí plasma la mencionada *síntesis de transferencias*. La adoración de Dios y la maximización de la productividad y la ganancia armonizan de manera irreprochable. Es ilustrativo en esto un comentario de Weber respecto de la ética calvinista de Baxter: "Sólo por ese peligro del 'descanso en la riqueza' es ésta condenable (...) según la voluntad inequívocamente revelada de Dios, lo que sirve para aumentar su gloria no es el ocio ni el goce, sino el obrar: por tanto, el primero y principal de todos los pecados es *la dilapidación del tiempo* (...) *perder el tiempo* en la vida social (...) en lujos, incluso en dedicar al sueño más tiempo del indispensable (...) *es absolutamente condenable desde el punto de vista moral*. Todavía no se lee como en Franklin: 'el tiempo es dinero', pero el principio ya tiene vigencia en el orden espiritual (...) observa Baxter que los que permanecen ociosos en su profesión son precisamente los mismos que nunca tienen tiempo para Dios cuando llega la hora de dedicárselo" (Weber, 1979, pp. 213-215). Y las palabras del propio Baxter son elocuentes: "Si Dios os muestra un camino que os va a proporcionar más riqueza que siguiendo camino distinto (...) y lo rechazáis para seguir el que os enriquecerá menos, ponéis obstáculos a uno de los fines de vuestra vocación (*calling*) y os negáis a ser administrador (*steward*) de Dios y a aceptar sus dones para utilizarlos en su servicio cuando Él os lo exigiese. Podéis trabajar para ser ricos, no para poner luego vuestra riqueza al servicio de vuestra sensualidad y vuestros pecados, sino para honrar con ella a Dios".[16]

La ética puritana proyecta en Dios el poder inconmensurable y en el dinero, un bien inagotable. Para el calvinista, Dios es el resorte de sus acciones y el dinero, su objeto. Pero se trata de un dinero que debe utilizarse principalmente para producir más dinero, para lo cual es forzoso reducir al mínimo su

---

16 Citado por Weber, 1979, pp. 224-225.

multiplicidad potencial de sentidos y despojarlo al máximo de su eventual conversión en valores de uso. No hay dinero que baste para honrar a Dios, y no hay tiempo que sobre más allá del utilizado para maximizar el aumento personal de dinero. El sujeto se rinde y declara insignificante ante la gloria absoluta de Dios; la máxima de la ganancia en dinero es la forma que asume esa postración, y la escrupulosa racionalización del tiempo es la condición para ello. El puritanismo concilia lo irreconciliable: la transferencia por medio de la cual el sujeto deposita en Dios todos los sentidos, y la transferencia por medio de la cual el sujeto se somete a la racionalización del tiempo propia de la economía del dinero.

Sin embargo, el calvinismo previene contra la transferencia más importante y secularizada que genera el dinero, a saber, la reducción del inconmensurable sentido de la vida a la infinita potencialidad de adquisición del dinero. Por algo prescribe ahorrar y no dilapidar, y proscribe enérgicamente el disfrute de las ganancias. De este modo genera el antídoto contra el espíritu secularizado-mercantil, pero no coloca freno al disciplinamiento productivo. Por el contrario, asocia la productividad y el éxito en dinero a la idea de que el sujeto ha sido tocado por la gracia divina en sus actividades mundanas. Pero al mismo tiempo exige restricción en el gasto, lo que implica regirse por la racionalidad económica sin renunciar al régimen de contención

El mundo del dinero

moral propio de la tradición puritana. Al mismo tiempo que junta dos transferencias, lo hace para evitar una tercera, la de apropiación para el consumo.

De esta manera el calvinismo participó de la identificación mercantilista de riqueza y dinero, pero mediante un rodeo doctrinario en que unió el dinero y la gracia divina. En cualquier caso, la exaltación del dinero en el capitalismo comercial, vale decir, la visión del dinero como fin en sí mismo, no podía durar mucho. En los siglos siguientes, con la transición del papel-moneda esta identificación desencadenó colosales colapsos financieros, como los del Banco de Génova y de Amsterdam y de la bolsa de valores en París. Con la reducción de riqueza a dinero y la premisa de que la abundancia de dinero, más que síntoma, es una fuente de riqueza, el inglés John Law precipitó uno de los descalabros financieros más espectaculares que haya vivido Francia, pensando que la rápida emisión de billetes generaría grandes ganancias de corto plazo para la nación. El uso del dinero en metal invitaba a la ilusión de que el dinero en sí mismo poseía consistencia, pero el desuso en que cayó el metal como materia del equivalente general, y la inestabilidad monetaria provocada por la emisión no controlada de papel moneda, llevaron a los primeros economistas políticos del siglo XVII a renunciar al concepto dinero-riqueza y retomar el viejo concepto aristotélico del dinero-lubricante.

Así lo entendieron Charles Davenant, Thomas
Mun y William Petty. Este último planteó, en su *Ensayo de aritmética política*, que "la moneda no es más que
la grasa del cuerpo político... si la hay en exceso, la demasiada abundancia perjudica la agilidad... el trabajo es el padre y el principio activo de la riqueza, de
la cual la madre es la tierra".[17] Al igual que Petty, en
su *Discurso sobre los ingresos públicos* Charles Davenant resta importancia a la acumulación de metales
preciosos. Un siglo y medio antes, Tomás Moro imaginó una sociedad utópica en la que el oro era despreciado y utilizado en los retretes de los baños. Tras esta
ironía, Moro quería resistir el imperativo burgués de
maximizar utilidades personales, ideando, por oposición, una utopía-fantasía donde se maximizara la felicidad social. Mientras Colón exclamaba, embriagado,
que el oro abría las puertas del Paraíso, los habitantes
de la Utopía de Moro lo usaban para sentar el trasero.

Dinero-riqueza, dinero-lubricante y dinero-caída
desfilaron así por la reflexión incipiente de la modernidad. Hobbes antes que Petty concibió el dinero como
la sangre del organismo social: su fuente de vitalidad
pero no su finalidad. Otro utopista del Renacimiento, Francis Bacon, veía en el móvil del dinero una
realidad inevitable para una criatura imperfecta: "La
usura –señalaba Bacon– es una concesión a la dureza

---

17 Citado por Morizon Leclerc, 1950, p. 335.

de los corazones del hombre... y puesto que el hombre es tan duro de corazón que no prestará sin interés, la usura debe permitirse" (Bacon, 1942, pp. 171-172).

Entre los filósofos liberales del siglo XVII, John Locke fue uno de los primeros en romper la identificación dinero-riqueza de los mercantilistas y explicar el dinero en función de la propiedad y de la duración. En su *Segundo tratado sobre el Gobierno Civil* señala: "Y así se introdujo el uso del dinero; un objeto duradero que el hombre puede guardar sin corromperlo y que, por consentimiento mutuo, puede cambiarlo por los bienes verdaderamente útiles, pero perecibles, que preservan la vida... y como los diferentes estadios de la industria suministran al hombre posesiones en diversas proporciones, así también la invención del dinero le dio la oportunidad de continuarlas y aumentarlas" (Locke, 1947, pp. 98-99). David Hume reafirmó lo que Locke señaló casi un siglo antes repitiendo la metáfora organicista de Petty; para Hume el dinero "es solamente un instrumento para el negocio, y por unánime acuerdo se convino que serviría para facilitar el cambio de una mercancía por otra. No es la rueda del comercio, pero sí la grasa que hace que se mueva con más facilidad" (Hume, 1982, p. 55). Contra el Midas que campea en el mercantilismo del siglo XVI, los liberales de los siglos XVII y XVIII vuelven a Aristóteles y divorcian la riqueza del dinero. Hume insiste en ello reiteradamente y en sus páginas asoma embrionariamente una teoría cuantitativa: "Es claro que el dinero no es sino la representación del trabajo y de las cosas necesarias para la vida y que sirve sólo para tasar y estimar estas cosas. Allí donde el dinero abunda más, es menester una gran suma para representar la misma cantidad de bienes. De esto se deduce que no se debe considerar el bienestar o malestar de una nación por la mayor abundancia de dinero que ésta posea" (Hume, 1982, p. 62).

El liberalismo debía, efectivamente, volver a poner el dinero en su sitio: no ya como fin en sí mismo sino como instrumento. Porque los desórdenes provocados a raíz del exceso de circulante, primero por la afluencia de metales preciosos desde América y más tarde por la emisión bancaria de papel-moneda, en vez de consolidar el nuevo orden, lo pusieron en jaque. Estos desajustes dieron origen al debate moderno en torno a las políticas monetarias, y de ahí en adelante la reflexión sobre el dinero se restringió, en gran medida, a los criterios acerca de su regulación y su flujo correcto.

La transición del capitalismo comercial al capitalismo industrial necesitaba, además, plasmar el concepto de riqueza en el capital, entendido como trabajo humano encarnado, y no en el dinero en sí mismo. Debía conservar el concepto de hombre-propietario, la ética de maximización de utilidades personales y la riqueza privada como finalidad de las relaciones sociales; y conservar también la racionalización del uso del tiempo en función de sus utilidades potenciales. El emergente pensamiento liberal del siglo XVIII no pretendió disolver la transferencia-dinero, sino más bien rescatarla. Convertido en fin en sí mismo, el dinero se había revestido de una sustancialidad propia y se erguía en una muralla que separaba al sujeto del mundo. El dinero-fin negaba la esencia misma del dinero: proyectarse hacia el mundo, metamorfosearse en valores de uso, colmar su vacío a través de la multiplicidad de sentidos que su propietario podía asignarle. Endiosado por los mercantilistas del Renacimiento y por los puritanos después de la Reforma, el dinero amenazaba con reducir al ser humano no sólo a propietario sino a un propietario encerrado en el dinero. Porque el dinero-riqueza no es una ventana al mundo, sino un espejo del sujeto cerrado sobre sí mismo. Y resulta sugerente que en el siglo XVII, en pleno mercantilismo comercial, Descartes se planteara una conciencia humana atrapada en el callejón del solipsismo, y Leibniz desarrollara su filosofía de los mónadas, conciencias cerradas y sin ventanas. Como si estas filosofías idealistas reflejasen la idealización del dinero por el capitalismo comercial; o bien, recíprocamente, como si la idealización del dinero reflejara la visión idealista del sujeto atrapado en el espejo de su conciencia.

Despojado de su condición de dinero-para y reducido a su propia multiplicación, el dinero había alcanzado su máximo desarrollo pero también su mayor debilidad; porque la transferencia-dinero necesita pensar el dinero como negándose a sí mismo, mudando continuamente, abierto al mundo y con un potencial inconmensurable para encarnar en otras mercancías. La vuelta a Aristóteles, la ruptura del concepto de dinero-riqueza y el rescate de la noción del dinero-lubricante, emprendidos por los liberales de los siglos XVII y XVIII, no tuvo por fin romper la transferencia-dinero, sino salvarla de su solipsismo o fetichización. No es casualidad que poco después del idealismo solipsista , el empirismo inglés retomara el problema de la percepción, y asumiera como evidencia que toda percepción es siempre percepción de algo. Nueva sincronía: tal como para "sanear" la transferencia-dinero era necesario proyectar el dinero fuera de sí mismo, del mismo modo era necesario romper la subjetividad autorreferida y poblar nuevamente la conciencia de objetos sensibles.

Reasumida la noción de dinero-lubricante e intensificado el debate en el plano de las políticas monetarias, podía mantenerse la transferencia-dinero a resguardo. El dinero estaría más protegido al definirlo como lubricante que al homologarlo con la riqueza y ponerlo, al estilo de la ética mercantil, como fin último de la vida social. Porque reducido a su carácter meramente instrumental, como lo hace la discusión económica centrada en políticas monetarias, el dinero –o la cuestión del dinero– será absorbido por los criterios de eficiencia y restringido a la *ratio* de la ciencia positiva. Allí desaparece tanto la dimensión ética como la pregunta fenomenológica por el sentido del dinero.

Este itinerario moderno del concepto del dinero no fue, sin embargo, homogéneo ni carente de matices. Un ejemplo de esta diversidad lo aportan los románticos alemanes, en quienes la transferencia-dinero fue remitida a otra transferencia característica de la modernidad, la transferencia-Estado –el Estado como depositario de los sentidos y proyectos–. Tanto para Fichte como para Adam Müller la palabra del Estado es lo único que convierte cualquier cosa en dinero, sea papel o metal.

Fichte se opuso a la exaltación del comercio exterior tan propia de los comerciantes del siglo XVI y de los pensadores políticos ingleses del XVII. A su juicio, el Estado debía cerrarse a las transacciones con el exterior para protegerse de los choques y dislocaciones económicas que ocasionan. Para Fichte, uno de los mejores medios para incomunicar al Estado era suprimir el dinero. Distinguía entre *Weltgeld* (dinero mundial formado por los metales preciosos) y *Landesgeld* (dinero nacional que se crea por mandato del Estado), y postuló un Estado ideal donde no habría lugar para el *Weltgeld*. Adam Müller adoptó la distinción de Fichte y desarrolló una teoría mística del dinero según la cual éste es "la forma económica de la unión ineludible de los hombres dentro del Estado".[18] Propuso a cambio un papel moneda de circulación interna, de carácter "nacional y patriótico" y que reforzara la cohesión y el poder nacionales.

En los románticos alemanes se plantea un concepto político del dinero articulado sobre la base del territorio y del espíritu nacional. A la idea del dinero-lubricante pareció oponerse aquí la idea de un dinero que tuviera por función preservar y fortalecer la unidad e identidad nacionales. Desde el punto de vista ontológico, esta interpretación invierte las cosas. Porque si la transferencia-dinero es por definición una apertura indeterminada –e indiscriminada– al mundo, un potencial de sentido que se refracta en todas las direcciones posibles, esta transferencia, subordinada a los conceptos del Estado, territorio y unidad nacional, delimita espiritual y territorialmente la indeterminación del dinero, concentra su potencial en límites inflexibles y sustituye la inconmensurabilidad de sentidos individuales por los valores incondicionales de identificación de los individuos en el Estado. Mediatizada por la transferencia-Estado, la transferencia-dinero parece negar su propia esencia, entendida esta última como la indeterminación del destino del dinero y la apertura sin fronteras hacia todos los objetos posibles.

---

18 Citado por Morizon Leclerc, 1950, p. 368.

La relación entre Estado y dinero no es irrelevante. Ya en el Imperio Chino, bajo el dominio de los emperadores mongoles que debieron administrar el mayor imperio en la historia del mundo, el papel-moneda era considerado un activo esencial para el cobro de impuestos y la administración del imperio, así como para que el gobierno del imperio enviara el papel a las provincias y éstas tuvieran que remitirle el oro y la plata al gobierno central; y Marco Polo planteaba que ese sistema de papel moneda sólo era sostenible bajo un gobierno fuerte y centralizado, capaz de imponer su voluntad a todos dentro de un territorio.[19] En la Primera Guerra, el patrón-oro se vio sacudido por la emisión de dinero no respaldado destinado a financiar un ejército nacional, el británico. La emergencia del patrón dólar-oro en la segunda posguerra, con el acuerdo de Bretton Woods, respondió al poderío de los Estados Unidos, vale decir, el Estado más consolidado y ampliado, donde se asienta el mayor poder industrial-militar, también soberano del dinero. Y la globalización financiera, tal como la conocemos hoy, está directamente ligada a un acontecimiento institucional como fue el desplome de Bretton Woods y del patrón dólar-oro, que adviene en parte como estrategia monetaria del gobierno de los Estados Unidos. Si bien dicho desplome se asocia

---

19 Véase Weatherford, 1997, pp. 176-177.

al debilitamiento del respaldo en oro del dólar y el mayor ímpetu de los mercados financieros, también obedeció a criterios políticos, donde decisiones de gobierno abrieron el campo para la flotación libre de divisas. La desregulación no vino espontáneamente, sino que respondió a situaciones propias del gobierno norteamericano –la guerra de Vietnam y su financiamiento "espurio" o inflacionario, el financiamiento fácil como respuesta al *lobby* político dentro de los Estados Unidos, el financiamiento inorgánico del bienestar social, entre otros–. Al desplomarse el patrón oro, la movilidad del valor de las divisas abrió mayor campo a la especulación y a la mayor movilidad del dinero en el mundo.[20] El poder hegemónico de los Estados Unidos fue fundamental para crear, como para disolver, una institucionalidad financiera que rigió las divisas del mundo.

20 "Al suprimir el nexo existente entre el oro y el dólar, Nixon dejó libre el precio del oro para que oscilara a discreción (...) la onza de oro que en 1971 costaba 35 dólares había aumentado a 400 dólares en torno a 1995. El marco, que costaba 0,24 dólares, había subido a 0,75 dólares y el yen, que se vendía a cuatro por un penique, estaba ahora claramente por encima de un penique. En tanto el dólar oscilaba en una u otra dirección en la montaña rusa, las divisas de las naciones más pobres, como Perú y Bolivia, que habían estado alguna vez ligadas al dólar, salieron expulsadas de los rieles" (*ibíd.*, p. 251).

IV. El fetichismo del dinero: digresión sobre Marx

El análisis meta-económico del dinero encuentra su primera formulación sistemática en el seno de la economía política, pero como crítica de la misma. Hace de corolario de la teoría del valor desarrollada por Marx en el primer tomo de *El Capital*, como crítica del fetichismo del dinero. Curiosamente Marx concluye esta teoría del valor, rigurosa en su formulación dentro del dominio de la economía política, con una reflexión filosófica sobre el dinero. La *crítica interna* de Marx a los economistas políticos clásicos, así como su *crítica histórica* al capitalismo industrial decimonónico, le permitieron colocar la reflexión filosófica del dinero dentro de un debate con mayor rango teórico.

Marx aplicó allí su batería dialéctica para desenmascarar lo que él creía oculto y a la vez cosificado en la economía del dinero. El desenmascaramiento consistía en desmontar el discurso de la economía política para poner en evidencia lo que ese discurso soslayaba. Este método dialéctico, de remontar hacia atrás (o hacia el fondo) el discurso racional-positivo de la economía hasta penetrar su velo, puso al dinero en el lugar que le correspondía: el de una reflexión filosófica dentro del territorio de la economía política. Sintomáticamente, su reflexión sobre el fetichismo del dinero es tanto la del economista político como la del filósofo. Allí Marx ligó lo que parecía destinado a no tocarse: la ciencia positiva y la filosofía, la racionalización conceptual y la crítica sensible, la formalización dialéctica y la percepción humanista.

La comprensión del fetichismo del dinero es la comprensión del proceso de transferencia-dinero, en que los sujetos subordinan a la indeterminación del dinero la infinitud de sus objetos y usos posibles. Lo que Marx quiere desentrañar en su análisis del fetichismo de la mercancía es, precisamente, este juego dialéctico donde no está claro quién es construido por quién: el sujeto por el dinero, o el dinero por el sujeto. No bien se plantea esa duda o posibilidad, el dinero queda situado más allá o más acá de la economía.

Efectuar esta operación no sólo implica una crítica epistemológica a la categoría del dinero en la teoría económica, sino también una crítica política a la sociedad economicista centrada en las utilidades. El análisis del fetichismo del dinero en Marx contiene esta doble procedencia –como crítica espistemológica y crítica política–. En la medida en que la reflexión dialéctica sobre el dinero permitiera al mismo tiempo formalizar el objeto en un discurso lógico y denunciar su "demonio oculto" (la fetichización), haría posible, análogamente, pasar de la crítica de la economía política a la objeción de un modelo de sociedad, un modo de producción, y una cultura del dinero marcada por el estigma de la alienación.

Esta explicitación de la transferencia-dinero, tan elocuente en la crítica marxista al fetichismo de la mercancía, tuvo otras versiones posteriores y más contemporáneas a nosotros. Tal es el caso del alemán Folkert Wilken, cuya original teoría del *Capital-Geistesleben* acuña una perspectiva crítica de la transferencia-dinero, donde el deseo de infinitud queda depositado –y atrapado– en la *ratio* económica.[21] "El deseo de utilidad –advierte Wilken– se ha convertido gradualmente

---

21 Entendemos por *ratio* económica una racionalidad formal, desprovista de juicios éticos y de fines últimos, que pasa a ser predominante en las relaciones sociales a partir de la institución de un mercado de agentes que se vinculan para comprar y vender mediante el dinero, que coloca como motivación de las conductas la maximización de utilidades personales, y en la que todo se hace conmensurable con relación a unidades abstractas de dinero.

en el foco central dominante de la existencia humana. En el fondo está el deseo de volverse infinito; y este deseo es, en su forma apropiada, bastante natural como fuente de todo desarrollo espiritual (...) Lo que ocurre es que la forma auténtica de este deseo se transfiere erróneamente a la esfera económica de la vida social (...) de ahí la ilusión de que los logros económicos tienen un valor intrínseco en sí mismo (...) estigmatizados con el deseo del crecimiento ilimitado. La noción seductora de que el crecimiento es el principio fundamental de todos los sistemas económicos proviene particularmente del dinero (...) Como álter ego de todos los valores materiales (...) el dinero hizo que todos estos valores artificiales parecieran tener existencia independiente real (...) esto haría de la cultura materialista la forma dominante en todo el planeta, y convertiría la sociedad humana en una gigantesca corporación productora de dinero, tal como parece ocurrir en la actualidad" (Wilken, 1982, pp. 91-92).

Según Wilken, la transferencia-dinero crea la ilusión para enmascararse a sí misma: lo artificial adopta la forma de lo natural y la maximización de ganancias asume el carácter de naturaleza humana. Esta idea de que el dinero humaniza el objeto y deshumaniza al sujeto ya fue desarrollada por Marx en su noción de fetichismo del dinero. Recordemos que Marx desprende el fetichismo del dinero del fetichismo de la mercancía, entendiendo por tal la cosificación de las relaciones humanas y la subordinación de los sujetos a un producto creado por ellos. Pero en el análisis de Marx, el dinero no es sólo la forma equivalencial en que toda mercancía necesariamente ha de convertirse o sumergirse: es también, y en "última instancia", aquel producto humano cuya gama de sentidos es siempre indeterminada e inconmensurable. Es el medio que convierte las expectativas delimitables de la vida "natural" en expectativas ilimitadas; que transfiere la *incolmabilidad del ser en incolmabilidad del poseer*.

Sólo trascendiendo la categoría económica del dinero Marx pudo ver, en el concepto formal del dinero-instrumento, lo que escapaba a esa categoría en los economistas clásicos. Sólo un análisis metaeconómico del dinero que lo entendiera como poder social le permitió mostrar hasta qué punto los economistas subsumían un producto histórico en un orden seudonatural. Este análisis metaeconómico en la teoría marxista muestra "que el dinero adquiere su poder como corporización de valor. Este poder sólo puede, pues, ser un poder social, y la relación de la mercancía con el dinero sólo puede expresar una relación social, y el desarrollo del dinero es el resultado del desarrollo de las relaciones de producción de mercancías" (Clarke, 1982, p. 75).

Según Marx, la relación social expresada en la forma-dinero es la relación entre el trabajo individual y el trabajo de la sociedad: "Al someter la mercancía a la prueba del mercado se somete el trabajo privado a la prueba de su utilidad social y de su necesidad social y se busca validarlo como trabajo abstracto y social" (Clarke, 1982, p. 75). En la medida en que la mercancía obtiene su valor del trabajo social que contiene, ella retiene dicho trabajo; pero bajo la forma del dinero, toda mercancía termina por ocultar el trabajo que la ha traído a la existencia y se reviste de una envoltura que niega su propio contenido: "Esta forma acabada del mundo de la mercancías –la forma del dinero–, lejos de revelar el carácter social de los trabajos privados y, por tanto, las relaciones sociales entre los productores privados, lo que hace es encubrirlas... el valor no lleva escrito en la frente lo que es. Lejos de ello, convierte todos los productos del trabajo en jeroglíficos sociales. Luego, vienen los hombres y se esfuerzan por descifrar el sentido de estos jeroglíficos, por descubrir el secreto de su propio producto social..." (Marx, 1968, pp. 39-41).

Con el capitalismo moderno, advierte Marx, el dinero mide de manera abstracta el trabajo humano, entendiendo dicho trabajo como la mediación de la relación social con la naturaleza. Esta abstracción del trabajo concreto, o esta racionalización del valor-trabajo y su reducción a equivalente general, borra las singularidades del trabajo. El dinero como medida de tiempo de trabajo estandarizado y despersonalizado, congela y oculta toda singularidad. De la misma manera que el dinero, en la reconstrucción psicoanalítica de la historia, oculta el deseo o la pulsión al integrarlos en un régimen de intercambio de bienes donde la reproducción sustituye al mero placer. En su extrema abstracción yace el máximo ocultamiento del deseo reprimido y del trabajo concreto. En la medida que el dinero sólo retiene la dimensión abstracta del trabajo que valoriza las mercancías, sacrifica en su lenguaje universal el trabajo concreto y singular.

Es propio del dinero, por ende, ocultar tras de sí lo específico y concreto de las relaciones mediadas por el dinero. Bajo su égida, o en su circulación, las cosas se vuelven abstractas, carentes de humanidad o sin memoria del trabajo investido en ellas, pura medida conmensurada, numerador de este denominador común del intercambio que es el dinero. Ya se dijo que el dinero disuelve las cualidades, racionaliza para establecer infinitas equivalencias entre las cosas. Este proceso del dinero es lo que otorga a lo artificial –la *ratio* económica– apariencia de natural. Está presente en el itinerario que Marx reconstruye en su teoría del valor, vale decir, en el paso del valor de uso al valor de cambio y, consecuentemente, del trabajo concreto al trabajo abstracto. Recuérdese que en su teoría del valor desarrollada en *El Capital*, Marx plantea que toda mercancía encarna y a la vez oculta el valor de uso de los objetos y del trabajo concreto investido en producirlos, o dicho de otro modo, al devenir mercancía a intercambiarse, el objeto pasa a definirse por una abstracción cuantitativa: en cuanto mercancía, sólo retiene el valor de cambio, que es el tiempo de trabajo socialmente necesario para la producción de cualquier bien. Y el dinero, que es la mercancía contra la cual se mide toda otra mercancía, no hace más que consagrar los objetos por su dimensión abstracta en el intercambio, valorizándolos en una medida cuantitativa, y sepultando la huella del trabajo concreto destinado a producirlos. "Al asumir forma de valor, la mercancía borra todas las huellas de su valor de uso natural y del trabajo útil específico a que debe su nacimiento, para revestir la materialización social uniforme del trabajo humano abstracto. El dinero no nos dice, pues, ni deja traslucir, cuál era ni cómo era la mercancía convertida en él. Al revestir forma de dinero, todas las mercancías son exactamente iguales" (Marx, 1968, p. 68).

Marx pensó el dinero como derivación o expresión de las mercancías, lo que le permitió transferir la idea de fetichismo de la mercancía al dinero y entender el fetichismo del dinero como una dialéctica de inversión entre medios y fines. "Aunque el movimiento del dinero no hace más que reflejar la circulación de las mercancías –sostiene Marx– parece como si ocurriese lo contrario: como si éstas fuesen el resultado del movimiento del dinero" (Marx, 1968, p. 75). Marx reconoce la transferencia-dinero en el fetiche, y la asocia a lo "cualitativamente ilimitado" que depositamos en la potencialidad del dinero. El dinero introduce así una suerte de pulsión indeterminada –idea que Simmel, en alguna medida retoma– que no tiene un objeto definido de satisfacción sino que apunta al enriquecimiento. Dicho enriquecimiento emerge de improviso en el sujeto del mismo modo que el dinero rebasa, de golpe, su condición de simple medio de circulación y se convierte en fin en sí mismo. El fetichismo del dinero está, pues, ligado a la idea de un sujeto y un útil que simultáneamente se desnaturalizan, se desvían del curso natural de su destino y se lanzan, desbocados, a una nueva necesidad, tan insaciable como inescapable. El dinero "se alza en calidad de soberano y dios en el mundo de las mercancías, con lo que absorbe en sí todas las necesidades concretas y útiles y se eleva a la categoría de necesidad única" (Kurnitzky, 1992, p. 23).

Si la represión del deseo incestuoso fue la primera forma en que el dinero mediatizó a los seres humanos (la dote como mecanismo de racionalización del deseo, como negociación del sexo femenino), aquí vuelve el dinero, por segunda vez, a construir otra subjetividad: la de la "pulsión sin objeto", desenraizada en su sed de dinero, vale decir, volcada hacia el no-objeto, el puro equivalente general, sublimada y realizada a la vez en este acto incesante de adquisición que permite el dinero, pero a la vez en la postergación de ese acto –porque la pulsión se convierte en atesoramiento de dinero, de compra de dinero con dinero–. Cuanto más se mediatizan las pulsiones con el dinero requerido para obtener los objetos de deseo, más se vuelca el deseo hacia el dinero mismo, vale decir, hacia un equivalente general desprovisto de contenido. Pero al mismo tiempo esta ausencia de contenido hace que el deseo se multiplique sin límite.

El dinero opera haciendo insaciable el deseo que ese mismo dinero debió reprimir originariamente. Pero lo hace insaciable porque lo priva de un objeto definitivo, y lo obliga, por el no-ser intrínseco del dinero que mediatiza ese mismo deseo, a estar siempre impulsado más allá de los objetos específicos, lanzado a un espacio puro de intercambio. El fetichismo del dinero también connota este proceso combinado de canalización, represión e indeterminación del deseo. Finalmente el deseo o la pulsión se vuelve contra sí mismo porque ya no tiene un objeto hacia el cual dirigirse, y se convierte en deseo de... ¡más dinero! Con esto, el dinero construye también una suerte de segunda naturaleza humana, aquella en que la pulsión asume como su objeto el mismo medio de cambio que la reprimió originalmente. Queda, con ello, endeudada al infinito. El fetiche tiene también esa connotación: como deuda infinita de un deseo reprimido, vuelto

hacia adentro y luego enroscado en su propia indeterminación. Un deseo incesante de encarnar en dinero, lo que implica estar siempre desencarnándose.
Porque el dinero no hace sino desencarnar los objetos, fundirlos en el fuego abrasador del equivalente
general. Así el dinero, siendo un invento humano, se
cuela en nuestra médula para reconfigurarla. Por
otro lado, el análisis de Marx sugiere que el dinero
está contenido en su totalidad en un proceso ya inscrito en el destino de las mercancías, y que en relación con ellas opera como un mero catalizador: "El
oro ha podido convertirse en dinero ideal o medida
de valor porque todas las mercancías medían sus valores en él (...) Y se convierte en dinero real porque
las mercancías todas, al enajenarse, lo eligen como su
forma material de uso enajenada o transformada"
(Marx, 1968, p. 68). La relevancia de Marx en el apor-
te a una visión metaeconómica del dinero es clara:
como punto de llegada del proceso de las mercancías, el dinero consagra un fetichismo que deshumaniza las relaciones entre los sujetos, subordina a las
personas a lo que ellas mismas han creado, y oculta
la actividad humana central (el trabajo) en la nivela-
ción/abstracción del dinero.

No obstante, más allá de la ley de la mercancía, el
dinero es "materialidad inmaterial". Esta visión más
fenomenológica del dinero enriquece el análisis de
Marx y tendrá un fuerte desarrollo en la obra de

Simmel. Podría así invertirse el análisis de Marx, y llegar a la conclusión de que no sólo la mercancía elige el dinero para relacionarse con nosotros y disolvernos tras su propio imperio: también la vaciedad propia del dinero, en la que depositamos nuestra plenitud, nos arroja a la apropiación insaciable de mercancías (y Marx en alguna medida lo plantea). Esta vaciedad del dinero, su indeterminación y su inconmensurabilidad, hacen de la mercancía un bien eternamente necesario pero eternamente insuficiente; y nos arrojan entre las mercancías no sólo para apropiarnos de ellas, sino para desear siempre *más* mercancías, y no ver en la mercancía recién adquirida más que una mercancía nueva por adquirir. Marx parece entenderlo así en otro momento: "Cualitativamente o en cuanto a su forma, el dinero no conoce fronteras... pues puede trocarse directamente en cualquier mercancía. Pero, al mismo tiempo, toda suma efectiva de dinero es cuantitativamente limitada, pues sólo posee poder adquisitivo dentro de límites concretos. Esta contradicción entre la limitación cuantitativa del dinero y su carácter cualitativamente ilimitado, empuja incesantemente al atesorador al tormento de Sísifo de la *acumulación*. Le ocurre como a los conquistadores del mundo que con cada nuevo país sólo conquistan una nueva frontera" (Marx, 1968, p. 91).

Pero puede llegarse a la misma consecuencia (el tormento de Sísifo) invirtiendo la premisa: el dinero es cualitativamente limitado, pues sólo recibe su sentido desde fuera y sólo puede existir convertido en otra cosa; y cuantitativamente ilimitado en tanto puede recibir una variedad ilimitada de sentidos y metamorfosearse en una cantidad ilimitada de cosas. El dinero es, como lo piensa Marx, ese medio que fracasa ante las metas infinitamente lejanas que el hombre se fija en su relación con las mercancías. Pero es también el que *crea* la infinita lejanía de esas metas. Ambos procesos parecen entrelazarse para lanzar a los sujetos a correr tras las proyecciones de su propia identidad.

Y si bien la mercancía tiene como atributo propio ocultar las relaciones humanas y el trabajo social depositado en ellas, también en la transferencia-dinero nos vemos impulsados, como huérfanos sedientos de albergue, a sólo ver tras las mercancías *más* mercancías. La compulsión propia de la transferencia-dinero, su oculta obviedad, impide ver lo que las mercancías ocultan, y fuerzan a deslizarnos sobre ellas con la impotencia de no poder penetrarlas. El dinero no sólo obra como mediación entre las mercancías y nosotros: es también lo inmediato. Y es propio de la transferencia-dinero que lo inmediato se presente a la vez como inasible, y que lo más a la mano sea también lo que más se escurre entre los dedos.

Se puede, no obstante, objetar este reduccionismo de Marx sobre el fetiche del dinero, contra-argumentando una "variante libidinal" del dinero.

Desde esa otra batería interpretativa, el fetiche del dinero no tiene su origen último en el fetiche de la mercancía, sino que se remonta históricamente a sociedades premercantiles. En clave psicoanalítica, el fetiche estaría ligado a un largo proceso que incluye el tabú del incesto, la represión del deseo inmediato para la expansión de la vida humana y el dominio sobre la naturaleza, y la extensión de este dominio al campo de las relaciones humanas. Así, el fetiche del dinero hunde sus raíces en esta historia libidinal que es también historia del sacrificio, de la postergación del deseo y de la emergencia de estrategias de dominio.

Sin embargo el fetiche mantiene para el psicoanálisis una ambigüedad fundamental, mediante la cual oculta y revela su origen: consagra un tabú pero al mismo tiempo lo hace siempre presente, no lo suprime en la historia. Por lo mismo, alimenta la alienación pero también abre una posibilidad de subvertirla mediante el retorno de lo reprimido, retorno que puede darse como "deconstrucción" del propio fetiche. El fetichismo del dinero, por lo tanto, en la medida que es la prolongación de la represión, es también el lugar a tematizar lo reprimido, y "sólo la aceptación de la pulsión reprimida en una naturaleza reconciliada con el hombre podría hacer cesar ese estado de cosas", de manera que "el fetichismo de las mercancías de las sociedades que las producen, empieza por hacer visible la libertad verdadera posible sólo en la forma torcida de la negación" (Kurnitzky, 1992, p. 192). Virtuosa dialéctica que convierte una represión secular en el principio posible de una libertad inédita.

De este modo Freud (o la interpretación freudiana que hace Kurnitzky) rebasa a Marx pero al mismo tiempo lo actualiza desde otra perspectiva. Atribuye al fetichismo algo más que una operación de endiosamiento, mitificación, alienación y permutación de un medio en un fin. Lo explica por su sentido histórico-libidinal, en la represión del deseo originario, la posterior instrumentalización de ese deseo para la reproducción ampliada de una comunidad, el desarrollo ulterior que va de la reproducción ampliada a la dominación-domesticación de la naturaleza. Pero como el dinero es historia libidinal, y retrotrae a los mecanismos sustitutivos de la economía libidinal, el espacio del dinero está expuesto al incesante retorno de lo reprimido. En esta perspectiva, el dinero "tampoco fue nunca un mero medio de circulación que de su servidumbre útil se elevara a dominador y dios en el mundo de las mercancías, como dice Marx, sino que fue siempre y simultáneamente medio y dios, sucio y limpio; como encarnación de la relación con la naturaleza por mediación de la sociedad garantiza la cohesión de la sociedad basada en la renuncia a las pulsiones (...) como fetiche atrae hacia sí todos los apetitos ligados a las pulsiones reprimidas" (Kurnitzky, 1992, pp. 212-213). Así, no es rompiendo la economía del dinero, sino viendo a través de ella los rostros ocultos del origen, donde esta lectura cree ver promesas de emancipación.

V. Dinero, subjetividad y sociabilidad modernas

Además de constituir un instrumento que facilita el intercambio de bienes y servicios, el dinero posee el extraño poder de modelar a los sujetos y a las relaciones entre ellos. Cuanto más abstracto y más separado de los objetos materiales, más poderoso como denominador común y principio de medida y comparación, más universal y difundido, más penetrante en la subjetividad y en la sociabilidad. En su historia del dinero, Weatherford plantea que "en nuestra sociedad moderna, el dinero perfila cada vez más los nexos entre un progenitor y su hijo, entre los amigos, entre los líderes políticos y sus electores, entre los vecinos y entre el clero y su grey (...) Tan sólo hoy en día, transcurridos casi tres mil años, comienza a evidenciarse el poder real del dinero en los asuntos humanos, a medida que va suplantando o hegemonizando muchos de los lazos sociales tradicionales e inspirados en la familia, la tribu, la comunidad o la nación" (Weatherford, 1997, pp. 32 y 53).

¿Qué espesor ocupa el dinero en la conciencia de los sujetos, cuánto incide en los conflictos que recorren la especie humana, cuánta energía y cuántos años de la vida se consagran a la obtención de mayor dinero, en qué medida el dinero modela la representación del mundo y las facultades reflexivas, hasta qué punto es capaz de incidir en las instituciones, cómo modifica las categorías de tiempo y espacio su circulación, hoy, a tiempo real y sin fronteras, en qué proporción racionaliza y mediatiza las relaciones interpersonales, modela los deseos, construye fines, diversifica el vínculo de cada cual con los objetos, despierta sentimientos de poder, envidia, euforia, frustración, avaricia?

1. Proximidad de lo lejano, lejanía de lo próximo

El dinero guarda especial relación con la vida moderna. Está en la base de la expansión de los modos de vida, y esta expansión constituye un rasgo típico de la modernidad y el cosmopolitismo. Pero al mismo tiempo esa expansión de las posibilidades y proyectos de vida está en tensión con la primacía del dinero como *ratio*. Precisamente porque la vida moderna invita a diversificar formas de sentir, experimentar y reinventarse, resiste el tipo de racionalización instrumental que impone el dinero. En la medida que este último funciona como denominador común y opera reduciendo cualidades a cantidades, niega la especificidad y singularidad de los modos de vida que pujan centrífugamente por diferenciarse entre sí.

Tenemos, pues, la paradoja. Si por un lado el dinero permite expandir la vida por cuanto pone a los sujetos en relación con una infinitud de objetos que, a su vez, encarnan múltiples deseos y experiencias potenciales, y promueve una diversificación progresiva de vínculos entre personas que pueden habitar en mundos radicalmente distintos, por otro lado coloca toda esta diferenciación bajo el prisma homogeneizador de la divisibilidad del valor, de la abstracción del valor de cambio y del denominador común. El dinero es la bisagra que liga las antípodas de la modernidad: motor de la diferenciación y singularización de proyectos de vida, guiones biográficos, deseos y gustos; pero también negación de lo singular y lo distinto en la uniformidad del equivalente general. Por lo mismo, la relación del sujeto moderno con el dinero está signada por un destino trágico, o cuando menos contradictorio: le abre miles de puertas distintas pero todas subsumibles en la forma pura del intercambio. Todo resulta canjeable, permutable, y por lo mismo todo pierde rápidamente su cualidad distintiva. La materialidad de la vida va siendo perpetuamente reabsorbida por la pura forma con que llegamos a esa materialidad.

Así nos seduce y nos frustra el dinero: cuanto más nos aproxima a los mundos que promete, más nos enrarece esos mismos mundos con la ingravidez que nos vincula a ellos. Nos acerca a lo lejano, pero una vez cerca, lo hace indiferenciado, canjeable e impersonal. La obsolescencia acelerada de los productos que podemos adquirir con el dinero trasunta este destino trágico: no tarda el nuevo objeto en perder sustancialidad por obra de su convertibilidad en dinero. No tarda en perder el aura una vez descubierta, tras su apariencia seductora, la mecánica de su conmensurabilidad. Así también con los proyectos, las mudanzas, los nuevos territorios físicos y espirituales que recorremos gracias a la proximidad que el dinero hace posible. Todo se vuelve, en efecto, rápidamente próximo, previsible o saturado. Y no son los objetos o servicios que cambian, sino el dispositivo de indiferenciación que el dinero ha colocado en nosotros, y que no tarda en teñir estos objetos o territorios adquiridos. Todo queda, al cabo, colonizado, porque todo es reabsorbido como caso de un concepto, concreción de una abstracción, estación provisoria de un itinerario que sólo la registra como número de una serie. El mundo distante se vuelve próximo, pero lo próximo se nos desvanece en las manos como momento de una secuencia o punto de una serie.

2. Dinero y movilidad

El dinero pide deshacerse del dinero, exige intercambiarlo por bienes y servicios, o bien invertirlo para generar más dinero y más bienes y servicios. Su esencia es su movimiento, la incesante negación de su posición y cantidad presentes. A medida que se moderniza la economía del dinero, la idea del dinero guardado bajo el colchón resulta cada vez más arcaica. Dinero que se guarda se deteriora por el sólo efecto de la devaluación de la moneda y el costo de oportunidad.

La movilidad del dinero se explica tanto por su rasgo instrumental como fenomenológico: medio de intercambio, por una parte, y vaciedad siempre impulsada fuera de sí misma, por el otro. Las sociedades dinerarias son esencialmente móviles. Sus objetos pasan más rápido de una mano a otra y todo lleva impreso el signo de su circulación. Las estructuras sociales se hacen más dinámicas y las jerarquías y estamentos también. La movilidad, como diría Schumpeter, es destrucción creadora. El dinero ejerce un efecto corrosivo sobre la estabilidad y sobre la continuidad. Las fronteras de intercambio se van extendiendo, y el desplazamiento de las personas y de los bienes, orientado a acrecentar las sumas de dinero, tiende a cubrir distancias cada vez mayores. El sentido del tiempo se modifica y racionaliza para permitir un número creciente de transacciones en un lapso de tiempo determinado. Esta espiral alcanza hoy su paroxismo con el dinero electrónico, el desarrollo del transporte y las telecomunicaciones, la desregulación global del comercio y las finanzas y la adrenalina bursátil.

La movilidad del dinero y por el dinero tiene, según Simmel, un aspecto igualitario, en la medida que derrumba jerarquías sociales basadas en distinciones estamentales o convencionales y pone todos los objetos al alcance potencial de cualquiera. Al colocar las cosas en un sistema donde sólo subsisten diferencias cuantitativas, las cualidades que hacen posibles la distinción social y el estamento se disuelven. En este sentido el dinero opera como factor potencial de movilidad social. Ejemplo de ello fue la afluencia de metales preciosos desde América al viejo mundo en el siglo XVI, que produjo una inyección tan fuerte de circulante que alteró las jerarquías sociales, generó nuevos actores de poder y riqueza, derrumbó instituciones que regulaban la concentración y uso de la fortuna, y promovió cambios de valores que penetraron en todos los grupos sociales.

Pero si de una parte la movilidad del dinero puede ser fuente de democratización de las relaciones sociales, de hecho ha sido la fuente de mayores desigualdades en poder de adquisición, oportunidades de bienestar, nivel de vida y desarrollo humano. La mayor circulación y movilidad del dinero que observamos en las últimas dos décadas es simultánea a la concentración del dinero en menos manos, al contraste entre fortunas familiares sin precedentes (en patrimonio medible por el dinero) y a la creciente masa de excluidos del desarrollo. Las estadísticas año a año marcan este contraste mostrando que hay individuos más ricos que países enteros. Pensemos, por ejemplo, que la fortuna de Bill Gates es varias veces mayor que el PIB sumado de muchos países pobres del planeta. Todo esto también es efecto de la movilidad del dinero, que es capaz de levantar en pocos años una acumulación impensada de riqueza, al punto que su distribución global resulte éticamente inaceptable.

La movilidad del dinero y por el dinero introduce, de este modo, una cualidad contradictoria que atraviesa la modernidad e impacta la percepción de quienes habitan en ella, sea como beneficiarios o como víctimas. De una parte iguala moralmente pero de otra parte jerarquiza según niveles de vida. No hay dinero para los ricos y dinero para los pobres: el dinero es uno sólo y su función es la misma para todos. De una parte, el incremento del dinero y el mayor desarrollo de la economía monetaria expanden masivamente la visión de mundo, las redes de relaciones y la vinculación con los objetos. En la ciudad moderna se da este movimiento expansivo que toca a todos, en mayor o menor medida, material o simbólicamente. Las expectativas de consumo, de vida, de bienestar, de relaciones y de experiencias tienden a aumentar en todos los grupos sociales. Pero por otro lado aumenta la frustración de expectativas, porque el medio que hace posible realizarlas (el dinero) se distribuye mal, y muchas veces lo hace regresivamente a lo largo del tiempo. Todos los ojos van siendo democráticamente colmados con imágenes del mundo convertido en gran supermercado. Pero hay manos vacías y hay manos llenas a la entrada y la salida de ese supermercado.

Así, la movilidad del dinero y por el dinero genera y frustra expectativas. Induce al desasosiego, la impaciencia y la excitación. Sea porque siempre es posible expandir la acumulación de dinero, aumentar las utilidades, rodearse de nuevos objetos y acceder a nuevas sensaciones y experiencias; sea porque nos medimos precisamente contra aquellos que se benefician mayormente de la movilidad del dinero, y por lo tanto no es fácil conformarnos con lo ya adquirido; sea porque la concentración del dinero no conoce razones humanitarias y agudiza diferencias al punto de desatar siempre nuevos conflictos distributivos, movilizaciones de masa y desequilibrios políticos. La movilidad es progreso y es conflicto, expande el acceso y también lo concentra.

Después del dinero nada vuelve a ser igual. Más aún, el dinero difunde de manera casi irreversible la idea de que la vida podría ser distinta". Por cierto, esta urticaria espiritual hecha carne, propia de la subjetividad moderna, no se explica sólo por habitar en sociedades monetarizadas o dinerarias. La idea misma de progreso, la expansión comercial y la nueva dinámica espacial, la caída de estructuras e instituciones, la libertad de movimiento y el ideal de autodeterminación, la secularización de los valores y el desarrollo tecnológico, concurren en este desasosiego moderno. Pero el dinero parece ser, como decía Hume, el lubricante que convierte todo esto en flujo y desplazamiento. A la vez que bombea desde abajo, bulle por arriba. Es motor y es metáfora de una época marcada por la lógica del cambio, y es medio de cambio en todo sentido: denominador común en el comercio, y posibilidad de cambio de vida, de objetos y de experiencias. Es el cebo que nos hace buscar el cambio, pero también es pura vaciedad que imprime sensación de vacío en el nuevo lugar que vamos ocupando a lo largo del cambio. La inconformidad reaparece, una y otra vez, como si detrás de cada movimiento y cada cambio se estuviera ya incubando la necesidad de otro movimiento y otro cambio. Porque el cambio lleva la marca del dinero, su impulso centrífugo que también va calando en el sujeto que lo manipula.

Simmel explica este desasosiego planteando que la rápida circulación del dinero induce hábitos de gasto y adquisición. Por una parte hace que una cantidad específica de dinero se nos vuelva menos significativa, pero a la vez el dinero en general cobra importancia creciente. *Nueva paradoja*: la cantidad disponible de dinero propio se hace obsolescente en su valor, pero el valor del dinero en nuestra vida aumenta en la misma proporción. En esta dialéctica, el dinero está siempre moviéndonos a la adquisición adicional de dinero, induciendo una creciente sensación de *carente* en los sujetos a medida que aumenta la masa total del dinero y disminuye, en consecuencia, la valoración del dinero propio. Por otro lado, el dinero propio nunca logra incrementarse al ritmo en que se diversifican los objetos, servicios, insumos, activos, placeres, mundos y vidas que entran a circular en la lógica de las equivalencias generales creada por el dinero. Y mientras más se exacerban estos contrastes, más crece la agitación.

Pero también explica Simmel esta excitación como efecto de la expansión de deseos y urgencias que el dinero promueve, dado que nivela lo prioritario con lo prescindible bajo el sello común de su mutua conmensurabilidad en dinero: "Dado que [el dinero] sirve para satisfacer tanto las necesidades más indispensables de la vida como las más dispensables, asocia la urgencia o deseo intensos con su extensiva ausencia de límite" (Simmel, 1999, p. 251). Precisamente, la excitación aumenta con esta sed de objetos cada vez más variados, adquiribles por cantidades variables de dinero, que colman deseos, preferencias, antojos, obsesiones, caprichos, pero no necesidades básicas. Porque la necesidad básica insatisfecha no excita: desespera o desconsuela.

Como ambos niveles de aspiración –deseo y necesidad básica– deben recurrir al intercambio de dinero para la obtención de su fin, los deseos "secundarios", por llamarlos de algún modo, adquieren la urgencia propia de la necesidad primaria, pero en un reino paralelo o en una segunda naturaleza. De este modo, esos deseos secundarios replican o imitan el apremio de la necesidad básica, pero en un espacio electrizado por el artificio y por su propia lógica, infinitamente extensible. Y la función de utilidad de los bienes que satisfacen estos deseos secundarios es tan efímera como es de dinámica la masa de dinero y la gama de bienes adquiribles por su medio. Así, cuanto más se colman estos deseos, más vacíos abren en la subjetividad y más anhelo de recubrirlos nuevamente.

La necesidad primaria, por más que sea satisfecha mediante el recurso del dinero, está adherida a la naturaleza humana o bien a un indicador universal y esencial de bienestar mínimo. El deseo secundario, en cambio, se ve mucho más afectado por la diversificación de la oferta de productos que pueden intercambiarse por dinero. Dicho de otro modo, los satisfactores de necesidades básicas son más o menos constantes, mientras los objetos de deseo son mucho más elásticos. Así, y conforme más y más rápido circula el dinero y se expanden los mercados, estos objetos de deseo rápidamente pierden su valor e intensidad para los sujetos que los han adquirido. No tardan, con ello, estas adquisiciones en perder su capacidad para colmar deseos y quedar finalmente restringidas a su conmensurabilidad como valor de cambio.

Hijos de la necesidad, estos deseos comulgan con ella en tanto ambos manipulan el dinero para su satisfacción; pero en su "prescindibilidad" conservan la urgencia de la necesidad aun cuando hallan sido colmados, porque en tanto deseos secundarios apuntan a una gama inconmesurable de objetos. La elasticidad de las mercancías que colman deseos secundarios es infinitamente mayor que los bienes que satisfacen necesidades básicas. Y esa elasticidad es madre del desasosiego, porque hace recurrir incesantemente nuevos deseos –o aparecer nuevos objetos de deseo– que piden ser colmados.

El desasosiego, como temple propiamente moderno, está ligado al dinero como forma extendida de intercambio y relación con los objetos. Simmel hablaba hace un siglo del anhelo de excitación, de impresiones extremas y de la mayor velocidad en el cambio de impresiones: anhelo que puede encontrar alivio pasajero pero que luego se hace más agudo. Y esta búsqueda del mero estímulo como fin en sí mismo remite análogamente al dinero, que también trasciende su condición de medio y deviene fin en sí mismo. En ambos casos es como si el procedimiento, y no el sentido, acabara girando sobre sí mismo y envolviendo centrípetamente lo que lo rodea. Y esta ansia de estímulos, sugiere Simmel, es indiscernible de la moderna economía del dinero.

Otro pliegue del desasosiego según Simmel: las cosas se hacen tan obedientes al dinero, que la disponibilidad de dinero genera más sed de posesión que de uso de bienes. Basta con adquirirlos, tenerlos entre las manos, sentir esa respuesta tan inmediata que el dinero provoca en relación con los objetos que nos rodean. Pero luego el bien adquirido se enfría y retorna a su indiferenciada condición de mercancía. Simmel sugiere aquí una trampa del dinero: la extrema obediencia de éste al deseo del momento desplaza, en el sujeto, la satisfacción efectiva del objeto al momento mismo de adquirirlo. El poder de domar el mundo de modo tan inmediato, mediante el dinero, al punto de poder adquirir instantáneamente el objeto deseado, termina anulando la satisfacción por el uso de dicho objeto. "El dinero –afirma Simmel– provee una extensión única de la personalidad que no busca adornarse con la posesión de bienes. Tal personalidad es indiferente al control de los objetos, y se satisface con el poder momentáneo sobre ellos. Y mientras aparece como si esta prescindencia respecto de cualquier relación cualitativa con los objetos no ofrece ninguna extensión o satisfacción a la persona, el acto mismo de comprar se vive como si allí radicara la satisfacción, dado que los objetos prestan total obediencia al dinero (...) el goce de este mero símbolo de goce puede bordear lo patológico..." (Simmel, 1999, p. 327).

Si la maleabilidad del dinero transfiere el goce de los objetos al momento de su adquisición (porque el goce se experimenta básicamente como poder de compra o intercambio, pero por lo mismo, sin contenido específico), entonces el objeto adquirido pierde de su atractivo o utilidad tan pronto se adquiere. La obsolescencia acelerada de los objetos, vale decir, la rápida declinación de su utilidad como satisfactor de un deseo en el comprador, se relaciona también con esta experiencia de poder en el fugaz momento de la compra. El dinero genera entre los sujetos y objetos una relación de *combustión*, observada por Heráclito hace más de veinticinco siglos: "Todo es intercambio del fuego y el fuego intercambio de todo, del mismo modo que se cambian mercancías por oro y oro por mercancías".[22] El mercado puede representarse como el sistema reductor en que todos concurren a refundir objetos en el fuego abrasador del circulante común. Tal como el fuego es en Heráclito el elemento

22 Heráclito, *Fragmentos*, citado por Kurnitzky, 1992, p. 114.

hipostasiado del cosmos que permite todos los cambios y los procesos, el dinero es el elemento mitificado de la vida moderna por cuanto en él se deposita el poder de enlazarlo todo, refundirlo y luego rediferenciarlo. Como el fuego heraclíteo, el dinero pone el mundo en movimiento, hace del ser puro devenir. Es la primacía de la combustión sobre su contenido, del movimiento sobre el objeto, de la incandescencia sobre la sustancia.

El desasosiego viene del hecho de que el placer alcanza su máxima tensión en el mismo momento en que desaparece. La combustión borra enseguida lo que ella misma crea. Es necesario, por tanto, perpetuar el momento de la adquisición, recrear una y otra vez esta transferencia poder-dinero-poder, evitar que la combustión degenere en fuego fatuo. El deseo privilegia la compra (o la sensación de la compra) más que el uso del objeto. *La equivalencia, como poder abstracto, queda reducida a una mercancía específica, como limitación concreta.* Así el poder se esfuma y su vacío reaparece como deseo renovado. Porque la experiencia de poder y de libertad quedan acotadas al momento efímero de hacer-materializar el dinero en un objeto libremente elegido. Y en la siempre renovada sed del sujeto está el anhelo de que este momento se prolongue o recurra sin cesar.

Vieja pero vigente teoría de la alienación: la primacía del medio –el dinero– sobre el fin corre pareja con la primacía de la estimulación por sobre los objetos mismos. La *ratio*, esa reducción a lo canjeable y lo conmensurable, impone esta combustión del puro cambio, entendido como cambio de dinero por objetos y también como cambio de rumbo en la vida. La movilidad esconde esta falta o carencia, y al esconder, devela la imposibilidad de instalarse en una situación o experiencia por la compulsión a mantener el estímulo como fin en sí mismo. El afán de novedad revela esta esclavitud, vale decir, la subordinación de los fines a la excitabilidad del estímulo. La adrenalina del capitalismo financiero es sintomática, porque el dinero por el dinero es la metáfora elocuente del estímulo por el estímulo. Pero al mismo tiempo revela una condición de servidumbre en que, para no morir en el vacío, no podemos dejar de movernos.

3. Dinero y visión de mundo

En la visión de mundo que el dinero construye y expresa, de la cual el dinero es síntoma y causa, metáfora y común denominador, concurren las intuiciones y críticas más variadas de la modernidad, de Marx a Weber, de Walter Benjamin a Fredric Jameson, de Nietzsche a Sartre: la crítica de la primacía de la racionalidad instrumental y de la de-sustancialización de la vida, que coincide con la primacía del equivalente general sobre los valores de uso; la disposición a la movilidad en cuerpo y espíritu, que es

sincrónica con la circulación del dinero y su creciente velocidad; la vaciedad arrojada centrífugamente,
como la compulsión a diversificar el consumo con
el dinero; el impulso a la destrucción creadora en el
plano de la industria pero también de las ciudades y las
biografías personales, y que el dinero tan bien ilustra
con su metamorfosis perpetua; el ideal de autodeterminación en los sujetos y su analogía en la dinámica
autónoma del dinero; la canjeabilidad como principio
básico del dinero pero también de la producción social,
y la consecuente relativización en el plano de los valores; la recurrencia de lo efímero en los objetos compra-
dos por el dinero pero también como vivencia típica
que siempre retorna. Todo esto alude a los rasgos del
dinero, pero también de los sujetos y del espíritu
moderno y posmoderno.

Tomemos como ejemplo, siguiendo el razona-
miento de Simmel, la afinidad entre dinero y relativismo valórico de la modernidad. Primero, el valor
económico supone que el intercambio es esencial al
individuo y a la relación social. Segundo, el intercambio supone una ecuación subjetiva de adquisición y tráfico, de deseo y satisfacción. Tercero, esa
operación supone el relativisimo en la valoración,
vale decir, la reducción del valor a la apreciación personal o individual. Cuarto, el dinero encarna en su expresión más pura el valor de las cosas entendida como
interacción económica, vale decir, es la manifestación

autónoma de la relación de intercambio. Quinto, un cambio en el precio en dinero significa que ha cambiado la relación de intercambio entre la mercancía específica y la suma de todas las otras mercancías –es decir, ha cambiado el valor relativo de un bien, la suma de valoraciones individuales que encarna su precio–.

El dinero se entiende en un contexto cultural relativista, pero a la vez es la base de este relativismo. No es casual que la posmodernidad cultural, como forma extrema del relativismo valórico, guarde sincronía con el auge del capitalismo financiero, la difusión del dinero virtual, la libre flotación de divisas y la autonomía relativa del dinero respecto de la producción. Esta sincronía supone una convergencia en la cual el dinero hace parte de una visión desustancializada del mundo, pero al mismo tiempo es el medio para simbolizar en equivalencias generales todo lo que esa visión mira. Simmel pudo atisbarlo hace ya un siglo: "De modo que el dinero está incluido en el desarrollo general en que cada dominio de la vida y cada sentido tiende a disolver la sustancia en procesos que flotan libremente. Por un lado, el dinero forma parte de este desarrollo comprehensivo; de otra parte, tiene una relación especial con valores concretos, a saber simbolizarlos" (Simmel, 1999, p. 168).

La relación del dinero con los valores y su relativización no es vaga sino concreta y cotidiana. Un cambio en la disposición de dinero o la distribución del mismo trae resonancias subjetivas, cambios en la forma de valorar unos objetos en relación a otros. Un incremento personal de dinero tiende a producir una pérdida de aprecio por bienes adquiridos, porque abre la posibilidad de adquirir bienes mejores dentro del mismo rubro. Un detrimento del dinero poseído hace apreciar con más fuerza ciertos objetos cuya posesión antes podía darse por hecho. La valoración es tan relativa como el hecho de que su intensidad varía según el grado de proximidad o lejanía de sus objetos en función del potencial adquisitivo del dinero disponible. No estamos hablando aquí de situaciones extremas y poco habituales, como el vaso de agua en el desierto, sino de vivencias cotidianas en una sociedad donde todo puede intercambiarse por dinero. Y esta relatividad de las cosas viene dada también porque, mediadas por el dinero, las cosas quedan puestas en relación y en situación, contextualizadas por los costos de oportunidad, vale decir, definidas *por el cálculo de goce perdido cada vez que el uso de dinero, al dirigirse a un objeto, prescinde de tantos otros.* Así, el valor de todo objeto queda relativizado por su comparación con *tantos otros* bienes, y esta forma de ejercer cotidianamente la relativización de valores va calando en los huesos.

La posmodernidad asocia la relativización de valores al cinismo como su expresión anímica recurrente (el cinismo como *pathos* posmoderno). Ya hace un siglo Simmel veía la relación estrecha entre el dinero y el cinismo. La conciencia cínica adviene, según Simmel, cuando el sujeto ha comprobado y experimentado "la ilusión de toda diferencia en valores". Este estado de ánimo encuentra su mayor apoyo, según Simmel, en el poder del dinero para homogeneizar los valores altos y bajos en una forma única de valor que no reconoce jerarquías por autoridad, historia o moral. En este punto, y como lo ilustra la extensa cita que sigue, el cínico encuentra la mayor justificación, porque los bienes personales más finos y deseables se hallan disponibles "no sólo para cualquiera que cuenta con el dinero necesario, pero aún más significativamente, se les niega a los más meritorios si éstos carecen de los medios requeridos. El cinismo se nutre, pues, de aquellos lugares con enormes fluctuaciones, como los negocios bursátiles, donde el dinero se presenta en grandes cantidades y fácilmente cambia de manos. Cuanto más se constituye el dinero en centro exclusivo de interés, más se percibe que el honor y la convicción, el talento y la virtud, la belleza y salvación del alma se intercambian por dinero, y por tanto más puede esperarse que se genere una actitud frívola y burlesca en relación a estos valores supremos que se venden del mismo modo que los productos de almacén, y que también conllevan un precio de mercado. El concepto de precio de mercado para valores que, conforme a su naturaleza, sólo aceptaban evaluarse desde sus propias categorías e ideales, es la objetivación perfecta de lo que el cinismo presenta bajo la forma de reflexión subjetiva" (Simmel, 1999, pp. 255-256).

¿Nada nuevo bajo el sol? Llama la atención, no obstante, que en la reflexión sobre la posmodernidad de las últimas dos décadas no se ha establecido con fuerza esta correlación, tan elocuentemente planteada por Simmel, entre el temple del cínico y la reducción de todo valor a valor de cambio, entre el sacrificio de la meritocracia por la ganancia en dinero y la tónica cínica frente a la vida, entre la irreverencia frente a los ideales y la mercantilización de la vida en que todo se nivela por su conmensurabilidad en dinero, entre la fiebre del movimiento-sin-fundamento en el mundo financiero y la "insoportable levedad del ser" de la posmodernidad.

4. Dinero, libertad y desarraigo

Otro elemento por el cual el dinero penetra en la subjetividad es su vínculo con la libertad. El dinero nos hace sentir libres en varios sentidos. O bien porque abre nuestras posibilidades de realización, o bien porque con dinero suficiente podemos prescindir de trabajar y ser dueños de nuestro tiempo, o bien porque con dinero en la mano podemos hacer lo que se nos dé la gana. Con el dinero saltamos por sobre el reino de la necesidad para navegar en el reino de la libertad. Según Simmel, el dinero hace posible la "adecuación entre realización y efectividad", vale decir, permite a través suyo que el poseedor viva la vida que quiere y que elige sin constricciones. Esto, por la naturaleza propia del dinero, pues "sólo el dinero se funde completamente en la función que le asignamos (...) y la habilidad del individuo para expandirse, limitada por su naturaleza, exhibe mayor elasticidad y libertad en relación al dinero que a cualquier otra posesión" (Simmel, 1999, pp. 328 y 330). Nada se amolda tan inmediata y plásticamente a nuestros deseos como el dinero, capaz de encarnar instantáneamente el objeto de nuestro anhelo presente. El dinero nos hace libre precisamente porque rompe la distancia entre nuestros anhelos y sus realizaciones.

La paradoja que se plantea aquí es que a través del dinero confluyen, como anverso y reverso de la misma moneda, la racionalización y la libertad. El dinero racionaliza la vida personal y colectiva al punto que la mayor parte de lo que usamos o deseamos queda subordinado a un ente abstracto o una abstracción que mide, compara y contrasta lo que se le pone por delante. Como forma de racionalización, el dinero supedita a los sujetos a una forma impersonal y abstracta de regulación. Todo lo conecta con su sello inmaterial-objetivo, y ese sello es la condena de Narciso, fatalmente embelesado con su propia imagen devenida inmaterial-objetiva. De esta forma, cuanto más libres somos porque el dinero nos permite expandir nuestros horizontes y ejercer señorío sobre nuestros límites, más dependientes nos volvemos de esta abstracción que está en la base de dicha expansión y dicho señorío. Simmel lo plantea de manera casi enigmática: "Así el dinero, como vínculo intermediario entre el hombre y las cosas, le permite al hombre tener una especie de existencia abstracta, una libertad respecto de la preocupación directa con las cosas y de la relación directa con ellas; sin esto, nuestra naturaleza interior no tendría las mismas opciones de desarrollo" (Simmel, 1999, p. 469). El dinero nos libera de la dependencia directa o inmediata con las cosas, pero al mismo tiempo nos hace extraños a las cosas. Somos libres porque el dinero, como ningún otro bien, nos hace posible la inmediatez en la realización de nuestra voluntad; pero también porque el dinero rompe nuestra relación de inmediatez con los objetos, y nos permite saltar por encima de las restricciones que supondría consumir sólo lo que producimos o lo que está a la mano.

Pero esta liberación respecto de la inmediatez también es, paradójicamente, una forma de determinismo. Porque el dinero se coloca siempre entre los objetos y nosotros, como forma de devenir-abstracto de todo objeto. Nos libera de la inmediatez pero nos condena a la abstracción. Como principio racionalizador de recursos, el dinero nos catapulta por encima de los diques de la escasez; pero como *ratio* también nos somete a la primacía de lo conmensurable y a la vaciedad de lo indeterminado –vale decir, al dinero mismo–. En cierto modo el dinero *racionaliza la libertad*, y al hacerlo la vacía o sólo retiene de ella su acción adquisitiva o su libre disposición de dinero. Pero también el dinero usa la libertad, condiciona las elecciones subjetivas, subordina las energías humanas a la productividad en dinero.

A diferencia de la posesión de objetos y sobre todo de la propiedad sobre la tierra, con el bien-dinero estamos literalmente libres, contamos con toda la autonomía y movilidad posibles, podemos prescindir del yugo del trabajo y de la inmovilidad que impone el bien inmueble. El dinero rompe la *obligación hacia el objeto*: vendemos todo y somos libres con el dinero en bolsillo, mientras que la posesión de los objetos, sobre todo de los bienes muebles o productivos, nos fija territorialmente y en nuestra actividad. La conversión en dinero de nuestros activos nos hace más vacíos, pero también más ligeros. Más nos liberamos cuanto más saltamos por encima de la determinación de los objetos que nos rodean; pero al mismo tiempo, esta libertad va de la mano con la vaciedad creciente en la relación con el mundo. El dinero rompe las amarras, pero su libertad es también la cara seductora del desarraigo. No dependemos de la tierra –como el terrateniente o el campesino, cuya fortuna se

El mundo del dinero

mide en la extensión de su comarca–, y por tanto
podemos marcharnos y cerrar la puerta sin pensar-
lo dos veces. ¿Pero que hay allí afuera, aparte de la
ingravidez y la levedad, expresadas ambas en la obsolescencia acelerada de las mercancías?

Nuevamente pareciera darse la sincronía entre el
efecto del dinero y los efectos culturales de la secularización, sobre todo cuando la secularización alcanza su mayor radicalidad en su condición posmoderna. El vaciamiento de sentido corre parejo con el
boom del capitalismo financiero. Curiosamente, en
los años ochenta del siglo XX ambas cosas alcanzan
su apogeo: la década en que irrumpe la idea de posmodernidad y de pérdida de grandes relatos históricos,
y que también se ha definido como la "década del
dinero" (de los yuppies, las finanzas, la explosión
del dinero). Una década marcada por la más fuerte
reivindicación del individualismo económico como
forma concreta del ideal moderno de autonomía del
sujeto; y a la vez marcada por la caída de las utopías,
de los proyectos colectivos, del sentido de comunidad y de los referentes de pertenencia. La década de
la adrenalina del dinero, el desasosiego y la libertad
económica a ultranza. Del vaciamiento de las ideo-
logías y la intensidad-fugacidad de los objetos como
fuente de goce o función de utilidad. ¿Cuánto de
causa y de efecto en el dinero, cuánto de sincronía y
de metáfora? La infinita disponibilidad potencial del

dinero pareciera entrañar, como complemento anímico, el desasosiego ante la no-particularidad potencial
de nada: "...plata en mano, es realmente 'libre', y suele experimentar ese típico aburrimiento, esa pérdida
de sentido en la vida y ese desasosiego interno propio del rentista, que se ve empujado a los intentos
más raros y contradictorios de mantenerse ocupado
a fin de darle contenido sustancial a su 'libertad'"
(Simmel, 1999, p. 402).

VI. Hiperinflación y crisis de transferencia

Si es tan profunda la huella que deja el uso social del dinero en la subjetividad colectiva, ¿qué ocurre cuando el dinero pierde su valor y se ven trastocadas sus funciones prácticas como medio de pago, de intercambio y atesoramiento? El siglo XX conoce esta experiencia en distintos momentos y sociedades bajo la forma de hiperinflación. Como se ha visto en experiencias latinoamericanas y europeas, la hiperinflación precipita procesos de descomposición social, radicalización política y pérdida de adhesión a normas básicas de convivencia. Como si el dinero trascendiera allí su dimensión puramente económica o utilitaria, convirtiéndose en un fantasma colectivo, vale decir, un enorme vacío pero poblado de temores, fobias y vergüenzas.

Una interpretación fuerte de este fenómeno formula Elías Canetti en su libro *Masa y poder*, ligando la hiperinflación en la Alemania de la década de 1920 con la irrupción del antisemitismo. Canetti parte de una evidencia o un supuesto, a saber, que el efecto perturbador que ejerce la hiperinflación sobre la masa societaria rebasa el momento de la inflación misma y va mucho más allá del deterioro acelerado de la capacidad adquisitiva del dinero: "Quizá también se recele atribuir al dinero, cuyo valor después de todo es artificialmente fijado por el hombre, efectos generadores de masa que van mucho más allá de su determinación propiamente dicha y tienen algo de absurdo e infinitamente vergonzoso" (Canetti, 1981, p. 179).

Para Canetti el dinero no es tan sólo un instrumento sino también un elemento de masa: "Desde la antigüedad el 'tesoro' es asociado a un 'montón' de monedas. Con la institucionalización del papel moneda el tesoro de antaño, ese montón de monedas adopta la forma del millón, y esta forma puede referirse a dinero tanto como a hombres. Bajo la imagen del millón el dinero y la masa humana asumen una relación de transitividad: este carácter doble de la palabra es analizable en los discursos políticos. El placer voluptuoso del número crece de golpe, por ejemplo, es característico en los discursos de Hitler (...) otros políticos la usan [la palabra millón] más para el dinero. Puesto que el dinero es acreedor de idéntico 'millón', masa y dinero están hoy por hoy más cercanos que nunca" (Canetti, 1981, pp. 181-182). Por la misma razón que el millón puede significar tanto masa de dinero como masa de población, la alteración de la unidad de medida –del valor actual– de ese millón genera todo tipo de transferencias entre el dinero y la población. La hiperinflación, sigue Canetti, no sólo metamorfosea el valor del dinero, sino el de la vida social. Valga como ilustración la extensa cita a continuación: "La unidad monetaria pierde repentinamente su personalidad. Se transforma en una masa creciente de unidades; éstas poseen cada vez menos valor mientras más aumenta la masa. Los millones, que siempre a uno tanto le había gustado tener, de pronto se los sostiene en la mano, pero ya no son tales, sólo se llaman así (...) Lo que antes era un marco se llama ahora 10.000, luego 100.000, luego un millón. La identificación del hombre individual con su marco se halla así abolida. El marco ha perdido su solidez y límite, es a cada instante otra cosa. Ya no es como una persona, y no tiene duración alguna (...) El hombre que confiaba en él no puede evitar percibir su rebajamiento como suyo propio. Se identificó con él durante mucho tiempo, la confianza en él era como la confianza en sí mismo (...) por la inflación él mismo, el hombre, disminuye... Cada cual lo tiene [el millón]. Pero cada cual no es nada (...) todo se hace siempre menos todo (...) el hombre se siente tan mal como el dinero que se pone cada vez más malo (...) juntos se sienten igualmente sin valor" (Canetti, 1981, p. 182).[23]

Con un ritmo de devaluación por hora, como sucedió en la Alemania prefascista, el dinero pierde su condición de promesa de felicidad y se enrarece su potencialidad. Lo efímero invade el dinero al ritmo de su devaluación, y le sustrae la fuerza que la masa había depositado en él. La sensación de que el horizonte se desdibuja pone la incertidumbre en el más breve plazo: nadie sabe cuánto valdrán los objetos y el propio trabajo al caer el sol cada día, y nadie sabe tampoco cómo afectará esta devaluación el hábito cotidiano de transferir sentidos a las operaciones efectuadas en dinero. La sociedad se precipita hacia la entropía: la aceleración de sus movimientos, el recalentamiento de sus componentes, la densidad de acontecimientos que amenaza con la parálisis.

Al desvalorizarse la moneda en un ritmo de horas, también se desvalorizan otras cosas. En primer lugar, la imagen misma de Estado-nación, vale decir, del territorio propio ligado a una institucionalidad

---

23 Weatherford acota que los precios se multiplicaron por 1475 veces en Alemania sólo en 1922, y en menos de dos años el costo de un sello de correos subió de 20 peniques a 500 mil millones de marcos; y si a finales de la primera guerra un dólar equivalía a cuatro marcos, en noviembre de 1923 el cambio era de 4.2 billones de marcos por dólar.

en que los ciudadanos depositan su confianza. La moneda es parte medular en el imaginario de la nación, y la humillación de la moneda es también un golpe al narcisismo del Estado-nación y de quienes se identifican con él. Las crisis políticas que sacudieron a las sociedades nacionales en tiempos de hiperinflación en el siglo XX (incluyendo algunos países latinoamericanos en los años ochenta) muestran, además, que la relación entre dinero y orden político está poblada de señales mutuas. Porque "dado que el sentimiento de seguridad personal que da la posesión del dinero es quizá la forma más concentrada y extrema de muestra de confianza en la organización y el orden sociopolítico" (Simmel, 1999, p. 179), y dado que "el valor del dinero se basa en una garantía representada por el poder político central, que eventualmente reemplaza el significado del metal" (Canetti, 1981, p. 184), la hiperinflación genera, como consecuencia casi natural, una pérdida básica de confianza en el orden político.[24]

En segundo lugar, la percepción de la realidad se fractura porque el ritmo de la hiperinflación siempre va delante de nuestra capacidad de recrear la equivalencia entre el valor de nuestro trabajo y la moneda

---

24 A fines de los años ochenta, la hiperinflación fue la causa decisiva de la caída del gobierno de Alan García en el Perú y de Raúl Alfonsín en la Argentina.

que tan velozmente se deteriora. La sospecha se universaliza: si no confiamos en el dinero, que es nuestro mediador con el mundo de los bienes y de los servicios de los otros, ¿entonces en qué confiar? Todo esto erosiona la seguridad simbólica de las personas y las masas, gatilla desconfianza y paranoia, predispone a levantar chivos expiatorios, y hace surgir comportamientos y discursos que hasta entonces yacían en la región de lo colectivo-reprimido. La hiperinflación extrovierte así lo soterrado, pone lo implícito a flor de piel. Tal como el intercambio se hace desbordante en una situación hiperinflacionaria, la moral de la masa se hace imprevisible. Todo va al extremo, se agudiza, se delata.

La inflación descontrolada no rompe la transferencia-dinero; el hombre no se divorcia del dinero sino que se hunde con él. Es tan profunda la sedimentación social de la transferencia-dinero (vale decir, de depositar en las operaciones monetarias nuestra capacidad de dotar de sentido y valor a lo que nos circunda), que pensar en renunciar a ella es aun peor que hundirse junto a ella. La crisis de transferencia queda instalada y despierta en las masas las más extrañas reacciones. En el caso de la Alemania prenazi, Canetti afirma que el poder político canalizó esta crisis de transferencia mediante la construcción de un chivo expiatorio: "La tendencia fue entonces a encontrar algo que valga aun menos que uno mismo, que pueda despreciarse de la misma manera en que uno mismo fue despreciado (...) Como objeto para esta tendencia Hitler encontró durante la inflación a los judíos (...) su antigua vinculación con el dinero (...) su habilidad en actividades especulativas (...) los debía hacer aparecer en una época llena de sospechas y caracterizada por la inestabilidad y hostilidad de dinero, particularmente dudosos y hostiles (...) los alemanes en cuanto masa se sentían humillados en el descrédito de sus millones. Hitler, que tenía una clara visión al respecto, orientó su actividad contra los judíos como un todo" (Canetti, 1981, pp. 182-184).

Explicar el antisemitismo de la Alemania nazi por la hiperinflación es un reduccionismo. Pero aun así inquieta en el argumento de Canetti la idea de que, para salvar la transferencia-dinero de su hecatombe, el fascismo generó una transferencia compensatoria. Si el colapso de la transferencia-dinero fue para los alemanes el espejo que deformó sus rostros, reaccionaron a esta humillación narcisista reproyectando esa deformación fuera de sí. En el judío encontraron –inventaron– ese sujeto sobre el cual materializar la nueva y nefasta proyección. El fascista hizo con el judío lo que el dinero previamente había hecho con él: lo convirtió en un ente miserable y en un pueblo miserable. A la crisis de masa suscitada por la inflación prehitleriana, la Alemania hitleriana repuso con un odio de masa y con un exterminio de masas: "En el tratamiento de los judíos el nacionalsocialismo repitió lo más exactamente posible el proceso de la inflación. Primero se los atacó como malos y peligrosos, como enemigos; luego se los desvalorizó como bichos a los que podía exterminarse por millones... Difícilmente habrían podido llegar tan lejos, si no hubiesen vivido pocos años antes una inflación durante la cual el marco se hundió hasta una billonésima parte de su valor. Es esta inflación como fenómeno de masa la que descargaron sobre los judíos" (Canetti, 1981, p. 184).

También Jack Weatherford, en su libro citado, liga el racismo y la xenofobia nazis a la hiperinflación. Según Weatherford, la desvalorización brutal del marco alemán en la República de Weimer trajo como consecuencia inmediata la masiva afluencia de extranjeros que, favorecidos por el tipo de cambio, llegaban a Alemania a comprar lo que encontraran, aprovechando los rezagos diarios de ajustes de precios con relación a la devaluación del marco. De manera que Alemania "se transformó en una 'sección de rebajas' para cualquiera que tuviera dólares, libras esterlinas u otras monedas duras" (Weatherford, 1997, p. 270). Tal invasión de extranjeros que tomaron al país como un mercado de rebajas despertó la xenofobia en el pueblo alemán, castigado por la hiperinflación y su impacto negativo sobre la capacidad adquisitiva de quienes percibían salarios en marcos. La sensación de moneda sin valor debió ir de la mano con la autopercepción de vulnerabilidad y humillación frente a los extranjeros. En este sentido la voluntad expansiva del nacionalsocialismo, junto a la xenofobia que lo caracterizó, pudieron operar, entre otras cosas, como mecanismos de compensación: un yo autoritario y bestial para sanarse de la traumática herida que la hiperinflación había infligido en el narcisismo primario de esta moderna masa de bárbaros.[25]

Fenómenos de hiperinflación como el de la República de Weimar son, al mismo tiempo, la desnaturalización del dinero y la explicitación de su verdadera naturaleza. Cuando el dinero se devalúa por hora se torna palpable su inconsistencia intrínseca, su condición de *nada*, su vacuidad. Allí se intensifica y evidencia el carácter de *fuera de sí* del dinero: nadie lo retiene en sus manos, todos corren a gastarlo y metamorfosearlo en cualquier otra cosa que no sea el dinero mismo. La circulación de dinero se multiplica desbocada, los billetes queman las manos y suplican a quienes lo poseen que actualicen su esencia:

---

25 Obviamente no puede reducirse el odio racial y el holocausto nazi a un mecanismo compensatorio frente a la herida narcisista provocada una década antes por la hiperinflación. Pero esta herida sí puede haber operado como uno de los gatillos que desencadenaron los sentimientos siniestros que plasmaron en la Alemania nazi.

convertirse en algo distinto de sí. Como señalaba
Simmel hace un siglo, los cambios en circunstancias
monetarias alteran el ritmo de vida, y cuanto más
volátil el valor del dinero, más rápido se lo hace circular y más "calienta en las manos". Con la hiperinflación no sólo se acelera la devaluación de la moneda sino también la vida de los sujetos que deben
comprimir en el tiempo sus operaciones de compra
y venta para evitar que la devaluación los sorprenda
con dinero en mano. Algo de esto ocurrió en algunos países de América Latina en los años ochenta
(Argentina, Perú, Bolivia y Brasil) y en Rusia en los
años noventa. Y en todos estos casos la memoria de
la hiperinflación constituye un trauma colectivo
asociado a la pérdida de normas básicas de la sociedad, el desdibujamiento de las certezas, el recalentamiento de las energías sociales y la incapacidad para
proyectarse hacia el futuro.

Si concedemos cierto grado de validez a la tesis
de Canetti, la experiencia alemana de la década del
veinte ilustraría de modo siniestro los extremos a los
que puede conducir la transferencia-dinero cuando
requiere transferencias compensatorias, en circunstancias en que su propio descalabro bloquea la nor-
malidad de esa transferencia. Análogamente, podría
conjeturarse que las obsesiones actuales de los gobiernos por evitar los riesgos que llevan a la hiperinflación no sólo obedecen a criterios técnicos de tipo

monetaristas o a los impactos regresivos que la hiperinflación puede tener sobre los ingresos de los pobres y la estabilidad del sistema político. Detrás de estas consideraciones, por cierto muy válidas, palpita el fantasma cultural de la hiperinflación: la sensación de que en ella todo se derrumba, que la crisis de la transferencia-dinero es también la palanca para una desublimación incontrolada de impulsos dormidos, con el riesgo de que la sociedad queda librada a su "inconsciente siniestro". El temor a que el dinero explicite su vaciedad radical y, con ello, amenace con minar la transferencia ontológica sobre la cual descansa la sociedad basada en el dinero.

¿Se trata, finalmente, del pánico a que la transferencia ontológica quede neutralizada por la inutilidad del dinero desvalorizado, o en una lectura más freudiana, del miedo a la regresión hacia aquello que el dinero, originalmente en la historia humana y de manera recurrente en la historia de cada individuo, oculta bajo el intercambio? Si hay una economía o estructura libidinal del dinero, al decir de Kurnitzky, la pérdida de función del dinero es la amenaza del retorno a una libido originalmente reprimida. La hiperinflación desencadena, entonces, no sólo la imposibilidad de transferencia ontológica, sino también de contener lo reprimido. Si en la interpretación psicoanalítica el dinero está ligado en el inconsciente a lo incestuoso reprimido y a la analidad infantil, la pérdida de valor del dinero también amenaza con el retorno a un placer sexual infantil (anal) o primitivo (incestuoso) que la cultura del dinero juzgará como perversa o atávica.

VII. El dinero en la fase de la globalización financiera, el boom del crédito de consumo y el intercambio virtual

Las disquisiciones previas permiten comprender el papel central que ocupa el dinero en nuestra vida cotidiana y en nuestro orden simbólico. No sólo porque diariamente lo empleamos en operaciones que cubren el rango completo los gustos y necesidades, sino también porque racionalizamos nuestro tiempo en torno a nuestra productividad medida en dinero, y racionalizamos nuestras gratificaciones futuras en función del dinero disponible; porque internalizamos el dinero al punto que lo damos por hecho natural, nos regimos por su lógica de circulación-acumulación, y solemos tomarlo como un fin en sí mismo; y porque nuestro bienestar depende en gran medida del acceso al dinero. Todo esto a partir de algo que cuya cualidad esencial es su vaciedad fundamental. El vacío del dinero nos llena la cabeza y los días.

Semejante situación es el resultado o efecto de un largo itinerario histórico que puede resumirse en los siguientes hitos. Primero, el uso de un sucedáneo animal para sustituir el sacrificio humano frente a los dioses, y la compra de la novia en la transición de la endogamia a la exogamia. Segundo, el paso del trueque en especies a las economías basadas en pagos en dinero, fuera inicialmente bajo la forma de un bien o producto convencionalmente acordado como unidad de medida, o fuera más tarde en la forma más divisible y transportable del dinero en metal. Este paso supone la institucionalización de un denominador común contra el cual se valora y precia el conjunto de productos que se intercambian socialmente.

Tercero, la invención y difusión del dinero en papel y su consecuente autonomía respecto del soporte material de la moneda, lo que implica un mayor tipo de abstracción y, por tanto, también un desarrollo mayor del uso del cálculo numérico en la inteligencia común. Cuarto, la difusión de una cultura que exalta el individualismo y la iniciativa personal en el intercambio de bienes sociales y que, junto al desarrollo del liberalismo económico, lleva a las personas a mayor autonomía respecto del manejo del dinero, su uso y su acumulación. Quinto, la expansión de las economías modernas, donde el crecimiento se traduce también en un aumento sostenido de la masa monetaria y de su capitalización en manos privadas.

Pero eso no es todo. Las últimas dos décadas marcan nuevos hitos respecto del papel del dinero en nuestras vidas, exacerbando en la práctica la condición del dinero como vaciedad, o como una nada convertible en cualquier cosa. Quisiera destacar aquí tres de ellos que me parecen fundamentales, a saber: el auge de la globalización financiera, el boom del crédito de consumo y la aparición del dinero electrónico o dinero virtual.

1. Capitalismo financiero y globalización financiera

Desde hace tres décadas el sector financiero de la economía crece, a escala global, a un ritmo muy superior al de la economía productiva. Al mismo tiempo la movilidad de capitales líquidos adquirió una dinámica sin relación causal clara con la esfera real de la economía, a lo que se suma la libre flotación de divisas luego del quiebre del patrón-dolar. Todo esto hace que la masa monetaria crezca mucho más que la producción de bienes y servicios. El aumento del mercado de cambios de divisas, por ejemplo, se multiplicó en cerca de cien veces entre 1977 y 1996, llegando a 1.6 billones de dólares diarios hacia 1997, según informes anuales del Banco de Basilea, mientras en años recientes, las transacciones anuales en los mercados de divisas superan hasta en más de cincuenta veces el valor del comercio internacional.[26] ¿Locura o racionalidad? Quizá, la racionalidad de una locura.

La globalización financiera se imbrica con una nueva institucionalidad financiera global, asociada al fin de Bretton Woods, que prescribía la estabilidad en la conversión dólar-oro.[27] Ya a comienzos de los setenta se comenzaron a observar crecientes movimientos especulativos y la proliferación de mercados financieros que operaban al margen de las "reglas del juego". De hecho, a partir de entonces "la economía mundial entró en un período de estancamiento con inflación, con una enorme volatilidad de tipos

---

26 Véase Benjamín Hopenhayn, 1999. Desde un punto de vista económico ortodoxo, la globalización financiera "debiera reflejar una gran libertad de movilización de ahorros generados en cualquier parte del mundo hacia oportunidades de inversión en cualquier otra parte. Los ahorros disponibles para su colocación nacional o internacional pueden ser presentes o descontados de ahorros futuros (por ejemplo, captación contractual en mercados institucionales como fondos de pensión, aprovechamiento de acceso a ventajas impositivas, etc.). Las inversiones, a su vez, pueden ser en activos 'reales' (para la producción de bienes y servicios) o en activos 'financieros' (títulos y obligaciones, acciones, 'derivados')" (Hopenhayn, 1999, p. 34).

27 "Desde que el presidente Richard Nixon suprimiera el nexo final entre el dólar y el oro, ni una onza de oro en ningún lugar del globo sirve para respaldar el dólar estadounidense (...) el dólar no está respaldado por el oro de Fort Knox en mayor grado que lo está por las reservas fiscales de queso elaborado y almacenado en depósitos refrigerados" (Weatherford, 1997, p. 243).

de cambio, de tasas de interés y de precios", mientras "otra de las grandes transformaciones institucionales que sustentan la globalización financiera es el surgimiento de entidades financieras 'desligadas' de los sistemas nacionales e internacionales de regulación y supervisión" (Hopenhayn, 1999, p. 40). La difusión de estas prácticas fue de la mano con la desregulación financiera, vale decir, el rebasamiento del marco institucional precedente. Aparecieron las ventajas ofrecidas por el anonimato en las transacciones, los paraísos tributarios, la liberación de controles. A esto se suman dos grandes shocks que multiplican la movilidad y masa móvil de dinero a escala global: primero, el aumento de los precios del petróleo a comienzos de los setenta, y la enorme masa de excedentes líquidos que de allí nacen y salen a buscar bancos y financieras que encontrarán, a su vez, donde colocarlos (lo que explica en parte el fuerte endeudamiento externo latinoamericano de fines de los setenta y comienzos de los ochenta, dado el acceso fácil de créditos); y el tremendo déficit externo de Estados Unidos en los ochenta, cuyo financiamiento genera grandes movimientos de capital de diverso tipo hacia Estados Unidos (Hopenhayn, 1999).

En el nuevo escenario de globalización financiera concurren tres factores: el volumen o masa de excedentes financieros; las instituciones que regulan, canalizan o intermedian esos excedentes; y la tecnología disponible utilizada por los operadores o intermediarios financieros (Hopenhayn, 1999). El efecto combinado del desarrollo de la microelectrónica y la desregulación financiera a escala global permite la hipercirculación monetaria de manera instantánea y sin fronteras nacionales. El dinero fluye y flota sin una institucionalidad reguladora. Al mismo tiempo se amplían las fronteras en que opera el capitalismo financiero a medida que todas las economías nacionales se abren al mercado internacional. Esta combinación de factores políticos, institucionales y de tecnología en la circulación del dinero lleva a que las transacciones monetarias multipliquen su volumen de manera sorprendente y vertiginosa durante la última década. Y dado que el flujo microelectrónico ocurre de manera instantánea a lo largo y ancho del mundo, los efectos disruptivos sobre los equilibrios son sentidos de manera inmediata en todas partes. No es casual que Wall Street cuente con el segundo sistema de información computarizada de mayor capacidad en el mundo.

¿Qué significa todo esto? Dado que los mercados financieros son especulativos y manejan un volumen de dinero que desborda fuertemente la economía "real", y dado que están interconectados de manera instantánea y sin regulaciones internacionales, generan interdependencia y vulnerabilidad progresivas.

Esto no sólo en las mesas de dinero de los mercados de valores. La suerte económica de incalculable cantidad de personas, distribuidas en todos los puntos del planeta, puede depender para bien o para mal de acontecimientos financieros (o con consecuencias sobre los mercados financieros) que ocurren en cualquier otro punto del globo y "carambolean" el valor de las acciones en todas partes. Un descalabro financiero en la bolsa de Corea, por ejemplo, puede producir efectos inmediatos de desvalorización de los ahorros en la clase media de Chile o de México, y efectos bastante rápidos de pérdida del empleo en trabajadores brasileños o venezolanos. Los mercados son cada vez más sensibles, y se ven permeados cada vez más por efectos psicológicos que rebasan la lógica económica, como son el pánico de los inversionistas o el entusiasmo de los apostadores. La interrelación es tan estrecha que todos los mercados y las monedas están integrados en un mercado mundial de comunicaciones electrónicas que a su vez llega a "cada granja, isla y aldea del planeta (...) El dinero ha creado una economía mundial unificada que incluye el precio de la leche y los huevos en el mercado de Bandiagara al igual que el precio de las acciones de Sara Lee Foods o PepsiCo en la Bolsa de Nueva York" (Weatherford, 1997, p. 27).

El impacto de este nuevo estilo de interdependencia global no sólo afecta los comportamientos de agentes económicos o de las personas en su exclusiva dimensión de agentes económicos. Permea la vida cotidiana, las conversaciones y la sensibilidad de tantos otros. Cultura del riesgo que va desde la apuesta en el mercado de valores hasta los paseos en alta velocidad; valoración de la contingencia presente sin proyección a largo plazo, desde la plata fácil hasta el colapso de las utopías. El doble signo de los nichos que se abren y cierran en el comercio mundial, y de las corridas hacia arriba y hacia abajo en los mercados financieros, son resortes y metáforas en otras esferas de la vida. Cada vez pensamos más en estrategias oportunas, manejo rápido de información, *jugadas* en lugar de *obras*. Lo financiero, que es la máxima abstracción, se hace concreto en la percepción de sus efectos. Y lo concreto se enrarece a medida que recibe el impacto de la especulación del dinero, y también a medida que economía real y economía financiera no se reflejan linealmente. Cuanto más crece esta última, más se van convirtiendo en fines lo que estaba diseñado para ser medio o instrumento.

La vaciedad esencial pasa a la proa del barco que arrastra la economía mundial. La insustancialidad propia del dinero se articula en sistemas intrincados de información y de transacción financieras. La microelectrónica "virtualiza" el intercambio, pero al mismo tiempo hace que lo abstracto (el dinero) circule cincuenta veces más que lo concreto (el comercio de productos). La complejidad se convierte no sólo en una palabra obligada para hacer referencia al intercambio financiero global, sino también para entender los desastres ecológicos, la planificación estratégica, la tecnología y la vulnerabilidad de pueblos y personas frente a decisiones que no controlan ni conocen. La sensación cada vez más recurrente en la experiencia cotidiana, de que estamos expuestos a un destino que nadie controla, tiene su expresión paroxística en el movimiento de capitales, donde esa complejidad varía sus componentes en tiempos infinitesimales y exige, por lo mismo, ser reconstruida mentalmente a ese mismo ritmo. No hay mayor caja negra hoy para la comprensión humana, ni mayor pérdida de control sobre la complejidad en lo que se refiere a sus propias creaciones, que esta red de flujos, informaciones y conjeturas superpuestas donde son muchas millones de señales, y muchos miles de millones de dólares, los que diariamente circulan y cambian precios relativos, estados de ánimo y posiciones de los jugadores.

No es que no exista relación entre el mercado de valores y la evolución de la economía real. Pero no hay sincronía ni causalidad lineal, y muchas veces hay abierta discontinuidad e inconsistencia. Por otra parte, el peso del componente psicológico en las fluctuaciones de la economía financiera es incalculable: expectativas, deseos, pálpitos, reacciones febriles y desmedidas frente a la información. Esto también se desplaza hacia la vida real, donde la velocidad de la noticia y del cambio en el entorno nos hace maníaco-depresivos. El dinero: ¿es causa, metáfora, metástasis, parte del problema o raíz del mismo?

Varias reflexiones adicionales surgen de lo anterior respecto del efecto de racionalización –o de delirio– del dinero. En primer lugar, puede pensarse que un mercado mundial e integrado constituye la realización última de la esencia del dinero. La fuerza centrípeta del dinero, como medio de equivalencia general, tiende a reducir todo lo que puebla el mundo a su expresión cuantitativa, comparable, intercambiable sin límite de espacio ni obstáculo de tiempo. Como un milagro o un demiurgo providencial, pone todo en relación con todo a escala planetaria. Con o sin conciencia, todo acto humano de valorización de objetos o de servicios queda incorporado al flujo universal del denominador común. La racionalización por esta vía es tan exhaustiva y profunda que puede decirse que habitamos hoy el mundo del dinero.

En segundo lugar, la globalización financiera y el capitalismo financiero realizan la esencia del dinero en tanto máxima abstracción, que es otra de los aspectos de la *ratio* o de la racionalización formal. El mercado de divisas es la abstracción entendida como forma más desencarnada de transacción. Mientras en otros mercados los agentes cambian bienes por dinero, en el de divisas se cambia dinero por dinero sin mediación de ningún objeto o servicio tangible. A la velocidad de la luz los bits electrónicos hacen circular las monedas por el mundo y las libras cruzan el Atlántico, los rands sudafricanos el Índico, los yens japoneses el Pacífico y los dólares giran en todas direcciones en menos de un parpadeo, yendo y viniendo entre continentes, banqueros y especuladores individuales. Fantasmáticamente, sin descanso nocturno y sin límite de espacio ni demora en el tiempo, el dinero recorre el mundo metamorfoseándose en más dinero o en otro dinero, y este movimiento gravita sobre la acumulación de riqueza y el destino económico de los pueblos. Lo abstracto reina sobre lo concreto a niveles que, vistos desde otro planeta o desde otro momento histórico, podrían parecer parte de un delirio colectivo o de una formalización matemática de lo real. La abstracción se extiende al ritmo que se expande el mercado de divisas, y además extiende su dominio sobre lo concreto. La desencarnación del valor no sólo alcanza su mayor expresión sino que se impone desde los centros hacia las periferias como el nuevo fantasma que recorre el mundo: "...ahora este capital flotante, en su frenética búsqueda de inversiones más rentables (...) comenzará a vivir su vida en un nuevo contexto; no ya en las fábricas y espacios extractivos y productivos, sino en el piso de la bolsa de acciones, luchando por una rentabilidad más intensa, pero no sólo como una industria compitiendo con otro rubro, ni siquiera una tecnología productiva contra otra más avanzada de la misma línea, sino más bien como especulación misma: espectros de valor, como podría decirlo Derrida, bregando entre sí en una fantasmagoría desencarnada dentro de una vasta escala global" (Jameson, 1998, p. 142).

En tercer lugar, la globalización y el capitalismo financieros realizan la esencia del dinero como deterritorialización de la vida. Racionalizan la vida con un principio de ubicuidad en que lo específico del lugar o del producto pierde toda importancia. Lo local o singular operan solamente como espacio de oportunidades de multiplicación del dinero mismo. Si Marx hablaba de la alienación del trabajo como separación del trabajador respecto del producto de su trabajo, ahora podría hablarse de una forma aun más radical de enajenación, en la que el producto queda fabulado y a la vez negado por el dinero, incorporado en un régimen deslocalizado de especulación. Este devenir-inespecífico del territorio es también un devenir-inespecífico del trabajo e incluso de las necesidades. Como señala apocalípticamente Jameson, tal desterritorialización "implica un nuevo estado ontológico y flotante (...) en que la naturaleza inherente del producto deviene insignificante, un mero pretexto de mercadeo, mientras la meta de producción ya no descansa en ningún mercado específico, ningún grupo de consumidores o de necesidades sociales e individuales, sino más bien en la transformación en el elemento que por definición carece de contenido y territorio y de valor de uso, a saber, el dinero" (Jameson, 1998, p. 153).

En cuarto lugar, la globalización y el capitalismo financieros realizan la esencia del dinero como metamorfosis perpetua. La racionalización implica, en este sentido, la prevalencia del flujo sobre el stock y del cambio sobre la identidad. Aquí coincide el movimiento del dinero con el de la imagen, los dos ámbitos más globalizados y más incorporados al flujo microelectrónico que no tiene límite de volumen, de espacio ni demora en el tiempo. Las últimas dos décadas parecen marcadas por el aumento exponencial en la velocidad y masa de circulación del dinero y de la imagen. Y al mismo tiempo, por la rápida obsolescencia de los productos y la rápida obsolescencia de la imagen y la información. Jameson describe el vínculo subyacente entre dinero e imagen mediática en el capitalismo tardío por el denominador común de la metamorfosis continua: "La metamorfosis (de la imagen) como variación violenta y convulsiva, pero estática, ofrece, por cierto, un medio para agarrarse al hilo del tiempo narrativo mientras nos permite obviarlo y consumir una plenitud visual en el instante presente, pero también simboliza el contenedor monetario abstracto, el universal vacío, incansablemente colmado con nuevos y cambiantes contenidos" (Jameson, 1998, p. 157). La apoteósica circulación monetaria va de la mano con la consagración de la imagen publicitaria o la noticia que sólo vive en su momento de novedad. El dinero, como vaciedad siempre transferible a objetos que a su vez quedan de-sustancializados por la conversión en dinero, es análoga a la imagen, siempre colmable por contenidos que a su vez no logran ir más allá de su realidad virtual o momentánea. Plena solución de continuidad, pero a la vez pura discontinuidad de fondo, tanto en el dinero como en la imagen. Apogeo del dinero y de la imagen como aquello que sólo se concibe transfigurándose, en perpetuo estado de fuga hacia otra cosa, entidades virtuales que mudan de mano y de ojo sin dejar huella.

La abstracción del dinero, como lo *abstracto-objetivo*, va parejo hoy con la virtualización de la imagen, como lo *concreto-virtual*. En ambos casos, el triunfo de la circulación por sobre el consumo, del desplazamiento por sobre el uso, del relevo por sobre la identidad, en suma, el desarraigo como forma de la libertad. Valga la extensa cita de Jameson como expresión más elaborada de esta analogía: "Lo que precisamente consagra el capital financiero es el juego de entidades monetarias que pueden prescindir de la producción y del consumo: que de modo supremo, como el ciberespacio, puede vivir de su propio metabolismo interno y circular sin referencia a algún tipo anterior de contenido (¿la libertad en versión posmoderna?). De la misma manera que las imágenes-fragmentos narrativizadas de un lenguaje posmoderno estereotípico: sugiriendo un reino o dimensión cultural nuevo que es independiente del mundo real precedente (...) porque el mundo real ha sido colonizado por este otro, de modo que no tiene 'exterior' en relación a lo cual el mundo virtual podría parecer carente. Los estereotipos, en este sentido, nunca se ven carentes, como tampoco el flujo total de los circuitos de la especulación financiera" (Jameson, 1998, p. 161).

Pero si por un lado los mercados financieros expresan la máxima abstracción y racionalización del dinero, por el otro se ven movidos y remecidos por factores subjetivos y que podrían definirse como irracionales o subjetivos: confianza y temor, ánimos y prejuicios, intuiciones y premoniciones, estados maníacos y depresivos, expectativas y especulaciones aleatorias, son elementos que convierten a los mercados de divisas en mesas de apostadores inundadas de adrenalina. Pequeñas señales en las políticas monetarias o en la productividad de las empresas desatan enormes desplazamientos de dinero que no se corresponden con la magnitud de las señales. Esta desproporción escapa a toda racionalidad y hace, precisamente, que sea tan difícil prever los movimientos especulativos y los mercados de valores.

De ahí que la plena realización del dinero transparenta tanto su tendencia a la racionalización como también su fondo pulsional, vale decir, el entramado de deseos y pasiones que encarna el movimiento del dinero. A la vez que deshumaniza, desata las emociones más humanas. El cálculo, como destreza privilegiada en las transacciones dinerarias, se ve rebasado por la psicología. La forma hiperracional es doblemente delirante: por los niveles de abstracción que enajenan la economía respecto del mundo real, pero también por la circulación de pasiones y pulsiones que esa forma hiperracional oculta y contiene a la vez. Abstracción y subjetividad no juegan como antípodas, sino como relación entre forma y sustrato.

Esto nos devuelve a la economía libidinal del dinero teorizada por Kurnitzky. Hay delirio, pasión y pulsión en el juego actual del dinero, porque en su origen ya está contenido y neutralizado el deseo primario. Lo reprimido siempre retorna y el dinero, racionalizador-represor de pulsiones, vuelve una y otra vez a hacer de vehículo de los ímpetus febriles donde lo hiperracional y lo irracional se invaden mutuamente. Si el dinero tiene su origen en la sexualidad sacrificada, en el dinero posmoderno o virtual vuelven las sombras de una sexualidad nunca del todo domada. Tal vez el dinero siga encarnando, como afirma Kurnitzky, el sexo femenino reprimido y su correlato, la naturaleza sometida (pulsión y racionalización, lo reprimido y lo construido). No es casual que en el mundo virtual estallen con igual potencia el dinero electrónico y la pornografía. Algo sugiere esta multiplicación del dinero y de las imágenes siempre duras y desublimadas del porno que circula con más fuerza que ningún otro tópico en el intercambio virtual, casi como un nuevo medio de cambio que, al revés del dinero, retorna a lo reprimido.[28]

En este juego de pulsiones y racionalizaciones, el mundo queda representado como *voluntad de especulación*. Allí el destino del dinero coincide con el destino de la razón: ambos culminan en la especulación. Baste para ello observar el flujo de capitales y la ve-

---

28 Y también en este sentido es sugerente la clásica filiación que hace el psicoanálisis entre dinero y analidad, porque la pornografía, finalmente, es también una forma de retorno de la analidad, explícita o figurativamente. Esto, claro está, es un tema que nos rebasa y que no cabe discutir en estas páginas. Cabe pensar, por otra parte, que el porno virtual es simultáneamente retorno de lo reprimido y su reconstrucción hiperracional, vale decir, vuelve a efectuar el mismo movimiento originario del dinero: disciplinamiento de los cuerpos en función de la maximización de sus utilidades y rendimientos (muchos coitos, muy diversos, todos respondiendo a una demanda diversificada de clientes), recanalización del deseo en operaciones de montaje y ensamblaje para el negocio rentable del pornodinero.

locidad con que entran y salen de las economías nacionales provocando ciclos de expansión y contracción en los países, con euforias expansivas seguidas de contracciones agudas. Y baste ver cómo este flujo se desplaza hacia países inestables donde impera la lógica perversa de que "a río revuelto, ganancia de pescadores". Así, cuanto más aumenta la incertidumbre y la inestabilidad, más tiende a imponerse la especulación inmediatista sobre la inversión productiva de largo plazo.

Pero en el mundo como voluntad de especulación, el juego no distribuye ecuánimemente. Los más golpeados son los más pobres, y entre países, aquellos que pueblan la periferia o el patio trasero del concierto global. La volatilidad de los flujos de dinero es mucho mayor en la periferia, donde además la disponibilidad del dinero está más restringida porque la periferia está condicionada para la recepción de fondos flotantes por movimientos cuyas decisiones vienen de los centros. El condicionamiento es asimétrico, además, porque los ciclos de la economía de los países centrales "se traducen en sus ciclos de crédito (...) que suelen asumir características de 'shocks' en el flujo de capitales externos" (Hopenhayn, 1999, p. 50). La periferia queda más expuesta y vulnerable que nunca a los ciclos del centro (o de los centros, que incluyen tanto las economías de naciones ricas como las empresas transnacionales, que son en sí mismas nuevos países sin frontera). El dinero llevado a su expresión más extensa es también la consagración de un orden no meritocrático, donde ganadores y perdedores quedan definidos básicamente en un régimen hiperracional –y delirante– de apuestas.

En esta situación global, donde la expansión del capitalismo financiero y de la especulación en valores ensancha la brecha entre la economía financiera y la economía real, acecha el fantasma del descalabro. Muchos se preguntan cuándo o cómo estallará la "burbuja" financiera, vale decir, esta dinámica de capitalización que se autonomiza respecto del mundo material y que busca romper cualquier regulación institucional.

Pero allí vuelve a aparecer el poder político como lugar desde el cual moderar y cuidar el ordenamiento económico global. No ya un orden político ligado al Estado-nación, sino de carácter pretendidamente planetario, acorde con la dimensión espacial propia del capitalismo financiero. Es así que en los últimos dos decenios han surgido "autoridades" mundiales como el G-7, el Banco de Basilea, la OCDE y el rol preponderante del Fondo Monetario Internacional en la determinación de las políticas nacionales y también como bomberos del dinero (piénsese en la intervención inmediata de Estados Unidos y el FMI para controlar incendios como los de México o Rusia en los años noventa) (Hopenhayn, 1999, p. 69).

De este modo, la política del dinero tiene que globalizarse al ritmo en que se globaliza el capitalismo financiero. Pero se globaliza en los centros, dado que las nuevas autoridades monetarias del mundo son confederaciones de países industrializados, o bien instituciones que regulan los flujos bajo el mandato de dichos países (y bajo el mandato invisible del poder fáctico de las grandes empresas transnacionales). El vínculo entre el Estado y el dinero que pareció claro desde los orígenes del dinero hasta el acuerdo de Bretton Woods, tiende hoy a transmutarse en esta nueva relación, bastante más difusa en términos de poder real y con carácter de autoridad política global, pero concentrada allí donde dinero y poder se funden.

En este nuevo escenario las "autoridades" financieras internacionales se han ido atribuyendo el poder de decidir sobre las políticas de gobiernos nacionales, sometiendo a dichos gobiernos a un condicionamiento sin precedentes a cambio del acceso a recursos financieros. El poder del FMI no sólo crece, sino que se impone con una lógica implacable. No es el poder de unos pocos tecnócratas o economistas "duros" que ocupan los puestos del directorio de esa institución, sino el poder de los grandes banqueros, sobre todo del norte, que junto al gobierno norteamericano tienen la decisión más fuerte sobre los lineamientos del FMI. Por supuesto, los gobiernos que más ven socavada su soberanía por la necesidad de acceder al dinero del mundo son aquellos cuyos países enfrentan situaciones más dramáticas de deuda y falta de liquidez. De esta manera el dinero no sólo se disocia de los Estados, sino que los Estados sucumben a la discrecionalidad de decisiones y evaluaciones de quienes, muy lejos de sus fronteras, poseen el dinero. Respecto de esta pérdida de soberanía nacional en manos del poder financiero transnacional, la Argentina puede presentarse como la mejor y más descarnada ilustración.

2. El boom del crédito de consumo

Si bien el crédito existe hace mucho tiempo, el boom del crédito de consumo es un fenómeno del siglo XX. Se dio primero con fuerza en Estados Unidos después de la depresión de los años treinta como una forma de democratizar la deuda y socializar los riesgos. En su difusión masiva y rápida puede leerse la voluntad de un Estado-nación por combinar la economía de mercado con la democracia social, entendida ésta no bajo la figura del Estado de Bienestar, sino por el indicador privilegiado de realización, a saber, el acceso a los bienes y servicios medibles en dinero. El dinero futuro, prestado al presente para consumir ahora y sin ahorros disponibles una amplia gama de bienes deseables: eso fue lo que se democratizó. Poder comprar bienes con dinero futuro pasó, en poco tiempo, a ser privilegio de gran parte de la sociedad norteamericana.

Más allá de sus funciones instrumentales en el New Deal promovido por Franklin Roosvelt, el boom del crédito en Estados Unidos se relaciona con la centralidad del dinero, el ahorro y el consumo en la sociedad norteamericana. Y la expansión del crédito –sobre todo de consumo– hacia el resto del mundo es también un indicador de la influencia dominante, exhaustiva y penetrante de los Estados Unidos a escala global.

De modo que el dinero-lubricante no sólo une al sujeto con los bienes y las acciones de otros, ni sólo liga a las pulsiones con sus objetos; y también une el presente con el futuro. El crédito opera, en este sentido, como *un ahorro futuro para el consumo presente*. Esto marca una nueva abstracción en la historia del dinero. No ya de la piedra al maíz o de éste al metal o del metal al billete y luego a la tarjeta y a la invisibilidad virtual; también el dinero salta desde el presente concreto al futuro indeterminado. Se "cuenta con el futuro" y desde allí se recrea el presente mediante nuevos objetos, propiedades, servicios, lujos, caprichos, anhelos. Todos ellos adquiridos con dinero aún no producido, ganado ni ahorrado. El crédito de consumo nos regala un nuevo trozo de libertad, a saber, la libertad respecto de las limitaciones de nuestra productividad presente y, sobre todo, de las limitaciones del ahorro del pasado.

El boom universal del crédito consagra esta nueva abstracción del dinero, a saber, la actualización del futuro en el presente. Lleva la idea contenida en el dinero (la abstracción progresiva) a una nueva fase a lo ancho y largo del mundo. Y lleva, a su vez a los agentes económicos a desencarnarse de su temporalidad y materialidad concretas, a subsumirse también en este desplazamiento cronológico, a expensas de las limitaciones objetivas del tiempo en el mundo real. La nueva abstracción cronológica del dinero marca también un nuevo modo de existir de los sujetos. Más desapegados y más ansiosos en la gratificación de sus deseos, más celosos de sus adquisiciones, los sujetos del crédito están lubricados por esta nueva abstracción del dinero en relación con el tiempo. Pero también, y por lo mismo, más racionalizados en el tiempo, más rigurosos en la planificación de sus esfuerzos y de la rentabilidad de los mismos, más "construidos" por el futuro, desde el futuro, para un futuro que en alguna medida ya aconteció.

La expansión del crédito de consumo en el mundo adquirió un vigor inédito durante las últimas dos décadas, coincide con la multiplicación del capital financiero y su interconexión globalizada, y tiene varios efectos de descentramiento. En el espacio global el crédito deja de concentrarse en economías desarrolladas para expandirse en todo el mundo. En el espacio familiar, el endeudamiento desplaza al ahorro como eje del cálculo económico, y de la economía doméstica. En la escala social el crédito se democratiza, por lo menos en cierta medida, haciéndose accesible a otros grupos socioeconómicos. Y en los agentes mismos de crédito, los bancos pierden su privilegio monopólico y deben compartir los servicios de crédito con otras instituciones financieras y también comerciales. ¿Alguna sincronía con el descentramiento posmoderno?

Por otra parte el crédito de consumo ocurre en la práctica de manera generalizada con el uso cotidiano de las tarjetas de crédito. La compra no se diferencia de otra realizada con dinero efectivo o actual, dado que el vendedor recibe el mismo monto, el impuesto de compra y venta se sigue pagando al Estado, el empleado recibe su comisión y el cliente se lleva el producto por el mismo precio que el pago en efectivo. Básicamente, "la compra crea nuevo dinero al tomarlo prestado del futuro y depositarlo en el mercado del presente" (Weatherford, 1997, p. 304). Estas operaciones de compra mediante el uso de tarjetas excedían los ciento cincuenta mil millones de dólares al año a mediados de la década de los noventa. El incremento en el crédito de consumo provocado por las tarjetas de crédito ha sido tal, que para mediados de los años noventa la deuda de los consumidores en Estados Unidos superaba el billón de dólares, lo cual es exorbitante si se piensa que tan sólo veinte años antes el producto nacional bruto recién superaba ese umbral por primera vez en la historia (Weatherford, 1997).

En contraste con el crédito a la inversión y los créditos hipotecarios, en el crédito de consumo pagamos mayoritariamente lo que ya consumimos y que ya no está en nuestras manos, o bien lo que tenemos ya hace tiempo y, por lo mismo, se ha depreciado monetariamente y ha perdido importancia en nuestras preferencias. No sólo diferimos al futuro un gasto realizado en el presente. Además diferimos al futuro el gasto por una gratificación o satisfacción realizada hoy y que, a diferencia de montar una fábrica o habitar una casa, muy probablemente se extingue mucho antes de terminar de pagarla: sea un viaje, un bien electrodoméstico, una operación o el mero uso de nuestra línea de crédito para gastos cotidianos.

Ocurre en estos casos lo opuesto a los mecanismos consagrados de ahorro, como son los seguros de vida y de salud, los gastos educacionales y las pensiones, donde se difieren al futuro los beneficios de gastos presentes. En los créditos de consumo se sacrifica el futuro por la compra o gratificación presentes. Se privilegia el acceso inmediato, sin importar si el beneficio o placer que reporta esta o aquella adquisición es provisorio, o si se extingue antes de que ese futuro, ya utilizado, se haya terminado de pagar. La apuesta es radical en su libertad pero también en su yugo: al mismo tiempo que nos libera de la espera, nos amarra a un futuro ya vivido. Convertido en crédito de consumo, el dinero empieza a trazar la línea cronológica y causal en sentido inverso. Desde el futuro se vive el presente: primero la adquisición y más adelante el pago, el disfrute realizado antes del ahorro, el placer antes del trabajo.

El crédito supone un juego ficticio del tiempo pero con eficacia real, en tanto usamos hoy el dinero del futuro. Entramos en un mercado de tiempos más que de bienes, donde algo tan incierto como el futuro adquiere materialidad en objetos que nos apropiamos en el presente. Doble insustancialidad: la del dinero y la de su temporalidad. Sobre el presente prevalece una suerte de futuro pasado. Y la gratificación presente suele ser mucho más breve que el compromiso futuro.

El crédito de consumo es, al mismo tiempo, causa y consecuencia de una cualidad y valoración propias del capitalismo avanzado, pero también propias de la precariedad: en lugar de diferir el goce presente para maximizar el ahorro futuro, invertimos la ecuación y minimizamos nuestra valoración del futuro en aras de la gratificación inmediata. Coincide esto con el desdibujamiento de los grandes proyectos colectivos y de las utopías, así como con la creciente discontinuidad del presente provocada por los cambios en los mercados laborales y en las formas de vida, hacen del futuro un tiempo débil frente al presente. En esto concurren otros elementos como la publicidad y su bombardeo sistemático sobre el deseo, la incertidumbre respecto del futuro bajo la actual aceleración del tiempo, el metabolismo de los mercados en expansión y renovación continua de su oferta, el estímulo a un consumo acrítico de productos diversos de obsolescencia acelerada, y el hedonismo como valor más ascendente de la modernidad "tardía".

Así, con el boom del crédito del consumo ocurre lo mismo que con el ánimo posmoderno: el goce inmediato se privilegia por sobre la planificación a largo plazo, y la mirada se retira del futuro extenso para colocarse en la anchura del presente (muchas vidas en una y ya mismo, muchos productos para elegir en el centro comercial con la tarjeta de crédito en la mano). Se internaliza la ilusión de que ahora es posible conjugar la racionalidad económica dura con los blandos caprichos personales, mientras el consumo desplaza al trabajo como eje de sentido de la vida. Más que sincronía, relación fuerte entre la masificación de estos nuevos usos del dinero en forma de crédito fácil o tarjeta de crédito, su impacto sobre la relación presente-futuro, y la sensibilidad posmoderna. Pasamos del disciplinamiento moderno en el trabajo y el ahorro, que difiere el placer, a esta inversión posmoderna que difiere el pago y el esfuerzo: "La modernidad exaltó la demora en la *gratificación* con la esperanza de que ésta seguiría gratificando al terminar la demora; el mundo posmoderno en que las autoridades aparecen sin anuncio, desde ninguna parte, sólo para evanecerse instantáneamente y sin aviso, pregona la *demora del pago*. Si la libreta de ahorro era el emblema de la vida moderna, la tarjeta de crédito es el paradigma de la vida posmoderna" (Bauman, 1995, p. 5).

Esta forma de relacionarnos con el dinero no es inocua. Nos hacemos más consumidores sin ser necesariamente más productivos o más ricos; y expandimos la gama de objetos con los cuales nos relacionamos posesivamente, pero a la vez sin poseerlos más que hipotecando el acto mismo de posesión. Creamos la ilusión de acceder a las bondades del progreso y del mercado. Una ilusión eficaz, material, tangible. Para muchos, la ilusión de participar de la rueda de la fortuna, como si el crédito de consumo fuese el ticket para entrar a la fiesta de graduación de la modernidad o al baile de consagración del deseo: el pacto mefistofélico del sujeto moderno, en cuya firma se hipoteca el futuro privilegiando la gratificación presente. Todo esto no es banal y tiene efectos concretos. Con el boom del crédito de consumo bajan las tasas de ahorro e inversión de las familias y también de las economías nacionales, lo que obliga al Estado a adoptar medidas de ajuste que para algunos es el final de la fiesta, y para la mayoría el pago de una fiesta acabada a la que ni siquiera alcanzaron a entrar. Todos somos cenicientas por un día o un mes y volvemos a una realidad recrudecida por el contraste y también por las deudas. Una extraña sensación de vacío empieza a acumularse cuando a comienzos de mes hay que destinar parte del salario a pagar deudas cuyos beneficios se hacen cada vez más remotos o pasados en la conciencia del deudor.

3. El intercambio virtual

Si el dinero en moneda se inició hace alrededor de dos mil quinientos años, y el papel moneda comenzó a sustituirlo hace quinientos años, el dinero electrónico entró como relevo del papel moneda hace poco más de veinte años. El primer cajero electrónico de suministro de efectivo contra tarjeta fue instalado en California en 1971, año en que se creó el NASDAQ, vale decir, el mercado de valores electrónico mediante un sistema computarizado de compra y venta de acciones. Según Weatherford, ese mismo año la Reserva Federal de los Estados Unidos puso en marcha su sistema electrónico de depósitos y suministros automáticos. En lo que se refiere a las tarjetas de créditos, ya en los años cincuenta en los Estados Unidos comenzaron a usarse algunas tarjetas para servicios específicos y restringido a cadenas de una misma empresa. El alquiler de automóviles fue el primer rubro, luego las cadenas de restaurantes (como Diners Club a partir de 1950). Entre 1958 y 1959 la American Express Company emitió las primeras tarjetas de pago de plástico, y también los bancos empezaron a poner en circulación tarjetas, como fue el caso de la BankAmericard que el Bank of America introdujo en 1958, y la Barclaycard introducida por el Barclay's Bank de Gran Bretaña en 1966. Luego estas tarjetas fueron extendiéndose a conjuntos de bancos, y la BankAmericard terminó siendo la Tarjeta Visa en 1977, así como la Barclaycard acabó como MasterCard a comienzos de los setenta (Weatherford, 1997, pp. 302-303).[29]

La expansión acelerada del dinero electrónico desde comienzos de los años noventa se articula con la expansión análoga de las nuevas tecnologías de transmisión de información y conocimiento. Por algo los bancos actúan cada vez más como empresas de comunicaciones. Y no es casual que a mediados de los noventa se haya desatado una dura competencia entre entidades financieras y empresas comunicacionales por captar operaciones monetarias virtuales de pagos y depósitos. En esta carrera entraron a competir los sistemas de tarjetas de créditos, las empresas telefónicas, las empresas de televisión por cable y los agentes financieros en Internet. La competencia, que mantiene a todos los jugadores distribuyendo su

---

29 Me parece sugerente que el país pionero y creador de esta forma virtual o más abstracta del dinero (los Estados Unidos) sea, precisamente, el país donde el peso cultural del dinero y la centralidad del mismo en la psicología de las masas es más fuerte.

participación sin liquidarse entre sí, se explica por el hecho de que ya en 1995 "había en uso en todo el mundo cerca de mil ochocientos millones de tarjetas de prepago, que representaban unos catorce mil millones de transacciones en dinero" (Weatherford, 1997, p. 320).

A partir de entonces, y con la irrupción del nuevo paradigma "on-line" o la convergencia electrónica, la estrategia de lucha de las empresas financieras y comunicacionales se centró en ofrecer sus servicios para elevar esas tarjetas desde su uso restringido (en un supermercado, o en un país) a un uso más diversificado y sin fronteras; y desde su función de compra a su función de ahorro (ahorro en millaje, noches de hotel, arriendo de automóviles y otros rubros, a cambio del dinero gastado en el uso de la tarjeta). La tarjeta se volvió tanto un medio de ahorro como de gasto presente del dinero futuro, y ahorro presente en gratificaciones futuras.

La expansión en el espacio y diversificación en usos generó, a su vez, un cambio en el sentido mismo de la tarjeta, que saltó rápidamente de una función en un recinto acotado (el de una tienda o cadena de tiendas, o una universidad, o un solo banco) a su uso integrado y multifuncional. Con ello la forma virtual del dinero también ha estimulado la hiperconexión del usuario. Dicho de otro modo, el dinero electrónico tiende cada vez más a una integración de formas de equivalencia en los más diversos rubros, que hace que sus usuarios a su vez reciban información diaria de todas estas equivalencias que pueden capitalizar cuanto más usen sus tarjetas. El dinero, en su versión electrónica, ya no se metamorfosea sólo en bienes sino también en otras formas cuantitativas de equivalencias. Así, por ejemplo, el uso frecuente de una tarjeta de prepago en un centro comercial otorga al comprador unidades tan diversas como el millaje en compañías aéreas, los descuentos en hoteles y alquiler de autos, bonos para rebajas en servicios de comida a domicilio, minutos de teléfono en larga distancia, rebajas en cines y conciertos, participación en sorteos variados, y otros.

Los usuarios de tarjetas entran así en una red global de servicios múltiples. Una vez arrojados a ese *mare mágnum* empiezan a procesar información que reciben de todo el mundo y sobre beneficios potenciales que los esperan, a su vez, en distintos puntos del planeta. Un extraño vértigo de opciones y posibilidades permea la vida de la gente que se incorpora a esta modalidad integrada de circulación del dinero electrónico. Estas opciones se hacen cada vez mayores, como también la información sobre ellas que llega a los usuarios por vía de cartas, correos electrónicos, llamados telefónicos, folletos en los bancos y en los cajeros, publicaciones periódicas, y otros. La vida amenaza, curiosamente, con convertirse en una pesada carga por exceso de información a procesar y opciones a dirimir, todas ellas sobre la base de la comparabilidad recíproca. Cuanto más usamos el dinero electrónico y más se integra éste a múltiples formas de equivalencia, más tiempo debemos invertir en optimizar los beneficios que extraemos de este ensanchamiento "sistémico" de las equivalencias.

¿Comenzamos a ver el mundo "on-line"? Difícil saberlo o ponderarlo. ¿En qué medida las oportunidades que se abren nos internan en este modo emergente de mirar el entorno, calcular, optimizar en un mercado electrónico integrado entre unidades de desplazamiento (millas de avión, alquiler de automóviles), de compra (divisas), de tiempo (hoteles), de comunicación (minutos telefónicos) y otros tantos que puedan metamorfosearse entre sí? Como parte del itinerario racionalizador del dinero, no sólo asistimos a su progresiva virtualización y abstracción, sino también a la progresiva integración de múltiples formas posibles de equivalencias que hacen que la convertibilidad diversifique unidades de cambio. En esta nueva visión operativa de mundo, en que cada vez más servicios van siendo absorbidos por la lógica transitiva de las equivalencias, no sólo todo es canjeable por dinero sino que todo puede pasar a desempeñar, en algún momento, la función de equivalencias de intercambio que formalmente desempeña el dinero.

El dinero, como medida capaz de traducir servicios en cantidades o unidades, estalla y se diversifica.

Con esto la racionalización impuesta por el dinero
da un paso adicional: cuanto más puedan traducirse
los servicios en unidades divisibles, más pueden inte-
grarse en la convergencia financiera-electrónica del
dinero virtual, y con ello, mayores posibilidades de
ampliar mercados y carteras de clientes. Si las compañías aéreas transan millas con las grandes empresas cre-
diticias o de tarjetas de crédito, entonces las compañías
de teléfono transan minutos. En este *élan* expansivo:
¿cómo irán entrando servicios de tipo más cualitativo,
o cómo estos servicios se traducirán en unidades conmensurables para entrar a la fiesta de las equivalencias?
Pienso, por ejemplo, en las atenciones de salud, la entrega de conocimientos, las asesorías jurídicas y tantos
otros servicios. ¿Hay límite para este nuevo tipo de racionalización del dinero? ¿O vamos hacia una cultura-
mundo donde, por efecto de esta última fase del dinero –su convergencia electrónica–, cada servicio que nos
prestemos unos a otros, como seres humanos, habrá de
valorizarse según logre presentarse en términos de su
divisibilidad interna, y no ya sólo expresado por medio
de la divisibilidad propia del dinero? En otras palabras,
la transitividad "on-line" lleva a que servicios cada vez
más variados puedan operar como unidades de dinero,
a saber, equivalentes frente a otros servicios o bienes
adquiridos. La era electrónica y su aplicación comercial abre una nueva era del trueque, pero post-dinero y
con la lógica abstracta propia del dinero.

Si la naturaleza misma del dinero le imprime a éste el destino de su abstracción progresiva, nada mejor, como corolario de este destino, que el advenimiento del dinero virtual. Esa "nada eficaz" adquiere su mayor expresión en la circulación microelectrónica del dinero y su primacía sobre la circulación material en billetes o cheques. Tarjetas de crédito o meras digitalizaciones en computadoras de mesas de dinero, *brokers*, líneas aéreas, seguros, cajas de pensiones, supermercados, oficinas de impuestos y de crédito: la mayor parte de la masa monetaria que se desplaza en el mundo no tiene presencia ni sustancia. Podemos incrementar nuestra fortuna o derrochar nuestros ahorros sin meter la mano al bolsillo. Máquinas digitalizadas nos dan dinero contra una tarjeta electrónica; pagamos con tarjetas de crédito; compramos a distancia entregando nuestra identidad virtual. Casi no duele el gasto, y no es casual que la aparición de las tarjetas de crédito haya generado tantos dolores de cabeza por endeudamiento "insensible". Estábamos acostumbrados, si no a pesar las monedas, al menos a sentir los billetes cuando los entregábamos a cambio de algo.

El dinero virtual de las tarjetas de crédito encuentra ahora un nuevo competidor, a saber, el dinero virtual de las transacciones en Internet. La transacción en la red representa el extremo posible del devenir-virtual del dinero, la mayor prescindencia del espacio físico, del tiempo y de la distancia en el intercambio. Encarna al máximo la voluntad de autonomía asociada al dinero, desencarnando el dinero mismo de todo rostro, mano o bolsillo. Con la posibilidad de solicitar mercancías a través de catálogos ofrecidos en las páginas web de los vendedores –sean fabricantes, mayoristas, minoristas, o intermediarios específicos de la red–, y pagar esas mercancías con la digitación del número de tarjeta de crédito en la pantalla o la firma virtual de un cheque electrónico, se va constituyendo un "cybermall" universal, aunque participe un porcentaje reducido de la población mundial. Este cybermall no tiene lugar físico, es accesible desde cualquier punto del planeta, ofrece toda la información de venta al instante, se adapta infinitamente a los requerimientos del usuario o comprador, distribuye sin límite de espacio, no plantea demoras en el trámite de adquisición y venta, no incurre en costos de almacenamiento, se sustrae fácilmente a las cargas impositivas, nunca requiere de rostros o manos o citas en ninguna parte, en fin, permite un volumen, intensidad y diversidad de intercambios sin precedentes, sin gente, sin relaciones personales, sin medios tangibles de pago, sin errores. Desde mediados de los noventa hasta ahora el incremento de compras en Internet sigue un ritmo exponencial, y los especialistas en computación buscan formas de "encriptación" para inventar un dinero electrónico canjeable por el dinero tradicional, y para que los usuarios puedan navegar comprando incluso sin sus tarjetas de crédito. ¿Hasta dónde esta expansión de operaciones por la red irá sustituyendo el comercio tradicional o presencial, y hasta dónde representará un aumento brutal de las operaciones de comercio cotidianas? ¿Será el comercio en red la expresión final-cabal del dinero en su doble destino de máxima racionalización y máxima abstracción?

Mientras no se encripte la transacción electrónica en la red, la condición humana indispensable para que el cybermall funcione es la *confianza*. Los usuarios deben digitar en la red su número de tarjeta de crédito sin un recibo a cambio, y confiando en la entrega oportuna del producto que están adquiriendo a distancia. Entregamos nuestro número de tarjeta de crédito a vendedores que no conocemos, y otros mueven nuestro dinero con un mínimo gesto de nuestros dedos en la computadora. A mayor abstracción y complejidad, más necesaria esta confianza de todos en el intercambio electrónico. Nunca antes se requirió tanta confianza para un número tan vasto de operaciones comerciales cotidianas. Curiosamente el dinero, que no conoce moral ni distingue otro código que el de las utilidades, llevado a su nivel más alto de abstracción impone un valor moral irreductible –la confianza ciega–. No por su bondad intrínseca, sino porque sólo esa confianza hace posible la multiplicación del uso del dinero en su fase virtual. La caída de la confianza –y por tanto, el uso ilícito de la información financiera por las partes–, es el colapso del sistema. Y nadie quiere detener esta fluidez virtual del dinero.

El largo camino que comenzó con un mercado de bienes agrícolas en alguna aldea remota en el tiempo y en el espacio, intercambiados sin medios de pago o eligiendo un equivalente entre papas, arroz, especies o granos, y que culmina ahora con el cybermall digital donde nadie se ve, se toca, se habla y en general ni se conoce, resume el proceso completo por el cual el dinero realiza su máxima abstracción en la que despersonaliza, integra y racionaliza las relaciones productivas y de intercambio entre las personas. El itinerario histórico coincide así con la propiedad ontológica del dinero. La pura virtualidad, ordenada por la pura digitalidad, tal vez constituye el ideal del dinero –y este ideal del dinero, entendido como despliegue de su esencia–. Dicho platónicamente, cuando más ideal la forma del dinero, más realiza el ideal del dinero.

Una nueva dimensión de la insustancialidad y abstracción del dinero se cuela en nuestro imaginario, asociado a la digitalización de sus movimientos e intercambios. Operamos sin palpar o palpando sólo teclas, vale decir, en una relación muy mediata con el dinero. Pero en una relación inmediata con la transacción, desde nuestra silla hasta el fin del mundo.

Todo es, en lo inmediato, transacción. En esto el tele-dinero concurre con el telemundo de la globalización comunicacional, instalando en nuestra inmediatez la información y el intercambio económico. La transacción es siempre actual, sea procesando o seleccionando información, sea digitalizando una operación comercial o financiera.

¿Es posible pensar un estadio superior en la abstracción del dinero? Sintomáticamente, y tal como lo advertía Simmel hace ya un siglo, cuanto más abstracto y formal el dinero, más pesa en nuestra vida. Los opuestos concurren al unísono: máxima complejización y simplificación, máxima intangibilidad y digitalización; máxima inmediatez y abstracción, máxima compresión y alcance. Y como también señalaba Simmel, esto se traduce en mayor movilidad y libertad para los usuarios. Se nos libera de un sinnúmero de fastidiosas tareas administrativas, de buscar compradores para nuestros productos y oferentes para nuestros deseos, y se nos abren otras tantas posibilidades de viajar, consumir, adquirir, habitar y usar, todo en red y en la lógica de la canjeabilidad. No sólo es la primacía de la abstracción, es también la promesa que acecha con nuevos mercados y posibilidades de vida.

Si el devenir virtual del dinero permite prescindir de la proximidad o presencialidad en la mayoría de las operaciones monetarias, esto supone una nueva relación de los sujetos con la distancia. No hay "nada" entre un operador de bolsa en Japón y un agente inmobiliario en Los Ángeles cuando el primero coloca dinero de sus clientes (que también pueden estar en cualquiera otra parte) en la compra de tierras en Minnesota, por poner un ejemplo. No hay nada, tampoco, entre el cajero automático que usamos y el banco contra el cual retiramos dinero. Ni entre un teatro en Nueva York y las entradas que compramos por Internet desde casa. Todo se comprime a la plena instantaneidad y proximidad. ¿Dónde quedan las categorías básicas para aprehender la realidad, como son el espacio y el tiempo, cuando compramos y vendemos, intercambiamos preferencias y objetos de deseo contra una pantalla?

¿En qué medida el mentado *descentramiento posmoderno* constituye el reflejo cultural de un proceso cuyo núcleo duro está en la dinámica del dinero? Porque cuanto más se virtualizan los intercambios monetarios, menos responden a la lógica de un centro de distribución y recepción, y más se constituye el intercambio en una lógica de red sin núcleo, sin relación centro-periferia, sin jerarquía vertical. Tanto el comercio en Internet, como el mercado de divisas y de valores en el mundo, funcionan sobre la base del descentramiento –y más aún, sólo podrían sobrevivir sobre esa base–. La pérdida de eje, núcleo, centro o matriz es la estructura y el funcionamiento mismo del dinero virtual y la economía que instaura.

Además, esta deslocalización del intercambio también hace que los agentes rompan el vínculo territorial de pertenencia nacional o de membresía institucional. Cada cual invierte en lo que quiere, cuando quiere, donde quiere, en operaciones "microfísicas" que nadie controla, moviéndose de un extremo a otro del planeta, adquiriendo ganado en Texas, yens japoneses en Alemania, cobre chileno en Londres, bonos de deuda venezolanos en Nueva York, automóviles japoneses en una distribuidora virtual instalada en una oficina de veinte metros cuadrados en Carolina del Norte. El descentramiento es tanto del movimiento del dinero como de las preferencias y acciones de los agentes económicos. Y sintomáticamente, el discurso posmoderno invoca esta misma pérdida de centro, de pertenencia, de territorio o de identificación, para referirse a los cambios culturales e incluso de estructuras sociales. Nueva analogía entre el dinero, la cultura y la sociedad, que ni Marx ni Simmel vivieron para interpretar.

VIII. ¿Qué hacer con el dinero?

Dadas las consideraciones precedentes sobre la insustancialidad del dinero y su poder de abstacción-racionalización, y dado el lugar que el dinero ha adquirido en nuestra subjetividad y nuestra cultura, quisiera deducir unos pocos preceptos. Éstos no pretenden fundar una ética ni aspiran a validez universal. Más bien intentan cerrar este libro con cierto espíritu lúdico para aligerar la carga de las páginas precedentes. De manera que el lector puede tomar este capítulo final como un divertimento, y sus preceptos como propuestas muy sencillas. Pero aún así tales propuestas apuntan en una dirección clara, a saber, ensanchar nuestro campo de autonomía frente a la dimensión que el dinero adquiere en nuestra vida personal y colectiva. Se trata de compartir con otros lo que infiero de estas reflexiones: una ética menor –o una pragmática– que construyo para mi propia vida, proyecto a un auditorio imaginario, y que tiene por objeto moverse en un mundo donde el dinero es parte de nosotros, y donde tanto mejor podemos relacionarnos con él cuanto mejor lo restringimos a la parte instrumental de nuestra existencia. La idea es privilegiar la autonomía que el dinero hace posible en nuestras vidas, pero sin sucumbir al dominio de la *ratio* que el dinero infunde. En otras palabras, se trata de jugar con los dos lados de la moneda en una relación de uso y de distanciamiento al mismo tiempo.

Por otra parte, se trata de un conjunto de criterios que dan por sentado el hecho de que participamos de una economía que funciona mediante el dinero. No hay aquí, por ende, un planteo utópico respecto de una sociedad sin dinero, o dónde el dinero sea administrado desde una entidad central o superior que priva a los sujetos de decidir qué importancia asignarle al dinero y qué obtener a cambio (o bien los libera de estas especulaciones). La postulación de esta "pragmática" no implica, tampoco, la aceptación del *statu quo* –de una economía capitalista avanzada, o de una sociedad racionalizada por vía del mercado–. Creo, en este sentido, que las páginas precedentes dejan entrever mi visión crítica respecto del dinero, y respecto de una sociedad sometida a la racionalización y abstracción más radical que pueda ocurrir en la historia. Tampoco he planteado aquí que el dinero es causa eficiente y absoluta de esta tendencia racionalizadora de la modernidad. Tratando, por tanto, de no hipostasiar el dinero ni para bien ni para mal, y dejando la voluntad de utopizar en barbecho, quiero plantear un conjunto sencillo de criterios para moverse en el mundo del dinero. Criterios que pueden, tal vez, tener sentido para miembros de una clase media universal que no está condenada a luchar por salir de la miseria o la pobreza, que no quiere caer ni en la alienación ni en la privación excesivas, que reflexiona sobre el sentido de la propia vida, y que no forma parte del círculo de los grandes acumuladores y manipuladores del dinero.

Tomar el dinero como instrumento y no como fin. Esto implica no proponerse metas de acumulación de dinero que no respondan a la prefiguración de objetos y acciones que realmente anhelamos. Convertir los instrumentos en fines es replicar la jaula de hierro que Max Weber diagnosticó para la modernidad: primacía de la razón formal sobre la razón sustancial. Si buscamos más dinero del que requerimos para satisfacer nuestros anhelos, pronto ese excedente de dinero que producimos irá fabricando en nosotros nuevos anhelos para favorecer su circulación. No por malicia o voluntad de manipularnos, sino porque ésa es la esencia del dinero. Allí nos arriesgamos a caer en la tiranía de los medios sobre los fines. Si hacemos del dinero el fin, estaremos privilegiando en nuestra vida la cantidad sobre la calidad, lo abstracto sobre lo concreto, el cálculo sobre el goce. De esta vida nos vamos como llegamos, y el atesoramiento sin fin sólo despertará sentimientos y emociones que nos harán menos felices: la codicia, la envidia, la avaricia, la ansiedad, la manía y sed de poder.

Tener presente la insustancialidad intrínseca del dinero. La conciencia respecto de la vaciedad fundamental del dinero puede ser un buen antídoto para no fetichizarlo o mitificarlo. Se trata de desarrollar el arte de manejar el vacío sin sucumbir a su seducción. No porque la seducción sea reprochable, sino porque tras esta seducción sólo hay... más vacío. No por nada el dinero exacerba cierto sentimiento de vaciedad. No significa que el dinero sea intrínsecamente perverso, sino que transmite su vaciedad esencial a quien lo manipula como si fuese sustancial. Por lo mismo, cuanto más olvidamos la insustancialidad del dinero más hacemos carne en nosotros esa vaciedad, al atesorar o usar el dinero como si tuviese consistencia propia.

Nunca olvidar que el dinero no es parte de la naturaleza que nos determina sino una convención/ construcción histórica. Esto es obvio en la reflexión, pero en la vida cotidiana operamos como si el dinero fuese parte de un orden natural. Hacer del dinero una segunda naturaleza, ante la cual devenimos sus criaturas, es perder lo mejor que hemos logrado de la secularización moderna: la autonomía de espíritu y la libertad respecto de otras postraciones. Cuanto mejor mantenemos una relación *externa* con el dinero, y cuanto más tenemos presente su carácter de invención, convención y artificio histórico, más soberano nuestro vínculo con él y menos sucumbimos a su poder de racionalización. El dinero nos sirve, por cierto, para optimizar nuestros intercambios; pero si lo tomamos como naturaleza o como razón, nos sometemos a ser operados por él, formalizados y disciplinados por el dinero. Tal vez un buen contrapeso sea religarnos con más fuerza a la naturaleza, re-estetizar el entorno, salir a caminar por los bosques, trepar montes o hundir los pies en la arena. Cualquier cosa que nos retrotraiga a la naturaleza real y a sus cualidades, frente a la cual el dinero denote instantáneamente su carácter convencional y construido.

No imprimir sentido a las cosas en función de su valor en dinero. Esta prescripción puede parecer también obvia, pero lo cierto es que el intercambio en dinero, que constituye una de nuestras prácticas sociales básicas y cotidianas, invita a sustituir sentido por valor, y luego valor por precio. Recordemos que el dinero es "una nada convertible en cualquier cosa", y como medio de cambio ordena el mundo en función de las posibles metamorfosis de esa nada en objetos. Por otro lado, tanto el humanismo como el existencialismo modernos nos sugieren que el ser humano se define imprimiendo sentido a su entorno, vale decir, que el sujeto no es nada en sí mismo y se hace sujeto al vincularse intencionalmente con el mundo y tornarlo significativo. El ejercicio de devenir-sujeto es análogo al del uso del dinero, y confundirlos es fácil: dos vacíos que se colman proyectándose hacia el mundo. Por lo mismo es importante diferenciar sentido de valor, y valor de precio. Pero no es fácil, dado que es más cómodo vivir orientado por la sustitución del sentido por el valor de cambio y luego por el precio: confunde menos que la búsqueda de sentido, nos hace comparables y conmensurables y así nos alivia de los misterios insondables de la existencia. No obstante, como reductor de sentido a precio, y de deseo a valor de cambio, el dinero es el límite que impide la trascendencia, la traba al encuentro con el otro, el rastrillo que borra la singularidad del sentido.

No inmolar nuestro tiempo en el fuego abrasador del dinero. La vida –al menos la de esta clase media universal– suele ponernos en la encrucijada entre más dinero o más tiempo disponible para nosotros. Tanto porque hacer dinero consume tiempo, como también porque el crédito hipoteca nuestro tiempo futuro. Solemos valorar más el tiempo que el dinero al comienzo y al final de nuestra vida productiva, pero no en su trayectoria. Y lamentablemente en esa trayectoria se van nuestros mejores años. Creemos domar la relación tiempo-dinero, pero por lo general es el dinero quien racionaliza nuestra relación con el tiempo. Y esta racionalización del tiempo implica suprimir su ritmo natural en nosotros, o nuestro propio ritmo. En el camino se impone exógenamente un sentido del tiempo que equivocadamente redefinimos como propio. Y llegado el punto en que queremos revertirlo, descubrimos que las pausas nos impacientan y el tiempo libre se nos hace anárquico. Para recuperar el tiempo perdido habrá que empezar por recobrar el *tempo* perdido.

Usar el excedente de dinero para adquirir más tiempo y más libertad, y no expandir inercialmente la gama de bienes como destino de ese excedente. Este precepto es la contraparte positiva del anterior. Como ya se ha dicho, el mercado tiende a construir sobre nosotros necesidades crecientes para abrir públicos cautivos a nuevos bienes y servicios, y también a nuevas inversiones para capitalizar el dinero acumulado. Nuestro ideal de autonomía nos desafía a regular endógenamente esta incorporación de nuevos satisfactores y oportunidades, preguntándonos no sólo para qué nos sirven, sino también si contribuyen a nuestro tiempo y nuestra libertad. Nada de malo hay en aprovechar el dinero y la facilidad cada vez mayor de su circulación e inversión, sobre todo si queremos ahorrarnos tiempo en salir a buscarlo, usarlo o expandirlo. Pero no porque se abra una oportunidad tenemos que aprovecharla. Ése es el peligro: confundir oportunidades con necesidades. Conviene, por tanto, desarrollar el arte de descartar opciones, dejarlas pasar, y más bien concentrarse en aquéllas que nos facilitan la vida que queremos.

Mantenerse en un temple anímico que ni se refugie en la represión del deseo, ni subordine el deseo a los objetos. Manejarse en un entorno poblado de objetos y de publicidad que los promueve, sin sucumbir a los nuevos ídolos del consumo, no obliga a la autocontención calvinista. Para conjurar las tentaciones del dinero sobran consejos moralistas que recomiendan reprimir deseos. No es necesario llegar a este punto para manejar el dinero a la medida de nuestra felicidad o nuestra virtud. Sugiero, más bien, un estoicismo moderado, un hedonismo no centrado en el consumo pero que sí puede recurrir a objetos de consumo manteniendo relativa independencia, y una búsqueda de la felicidad conectada con nuestras aspiraciones más esenciales.

Nunca dejar de ejercer el don de dar. La fuerza inercial del dinero inhibe el don de dar y regalar. Nos hace aprehensivos y contenciosos incluso frente a nuestros afectos. Olvidamos que dar y regalar siempre se revierten positivamente sobre nuestro ánimo, aunque impliquen menor acumulación de dinero. La desaprehensión y el desapego con el dinero también nos enseñan al mayor desapego y desaprehensión frente al dolor emocional que la vida nos pone en el camino. Dar es liberarse de algo, extrovertir el entusiasmo del espíritu y con ello duplicarlo, religar al otro con uno mismo, contagiar positivamente. Incluso derrochar puede ser aconsejable, en la medida en que forje un espíritu dispuesto a limpiar sus heridas a través del desborde y el abandono. No olvidemos que la historia del mundo está poblada de culturas donde el derroche y la fiesta eran formas de reparación, de reconciliación y de trascendencia frente a la mera racionalidad productiva. Por lo mismo, la codicia y avaricia que proyecta el dinero en nosotros sólo puede ser revertido en términos prácticos: dando y regalando. Casi irreflexivamente.

No apostar a la dimensión especulativa del dinero. La idea de plata fácil o plata dulce en los mercados accionarios, en la especulación inmobiliaria y en la rápida capitalización del dinero hoy tienta a cualquiera. No hay que olvidar, sin embargo, que el dinero tiene un carácter distributivo, y si duplicamos nuestra fortuna de un día para otro, alguien que no conocemos puede perder la mitad de sus ahorros también de un día para otro. La avidez especulativa no sólo erosiona la serenidad interna sino también la solidaridad con los demás, insensibiliza frente a la desigualdad y la pobreza. La ansiedad que produce es proporcional al egocentrismo que moviliza. Posiblemente, y sin darnos cuenta, nos hacemos menos íntegros si nos jugamos por la especulación dineraria. Porque participar de la ruleta financiera es, en cierto modo, consentir en un juego de exclusiones en que los perdedores son quienes nunca han entrado en el juego, quienes ni siquiera se enteraron, los marginales y excluidos. La adrenalina de este juego en que se juega la vida por el dinero, y por incrementar el dinero mediante la apuesta del dinero, es la misma energía que ulcera el estómago, irrita los vínculos y debilita el espíritu de comunidad.

Restringir la vulnerabilidad y volatilidad en el manejo del dinero a situaciones manejables. Esto no es fácil dada la complejidad creciente del sistema económico mundial. Pero no todas las actividades económicas son igualmente imprevisibles y volátiles, y no todas contribuyen a exacerbar esa volatilidad. A mayor carga especulativa en nuestra inversión de dinero, más aleatorios sus resultados y sus consecuencias, y más dependientes nos volvemos de situaciones que nos rebasan. Si bien la globalización financiera nos hace a todos vulnerables frente a movimientos de masa monetaria ajenos a nuestra voluntad, en la vida más personal e inmediata, cuanto más especulativa nuestra actividad, más expuestos nos sentimos. Esta situación no sólo nos hace vulnerables en nuestra relación con el dinero, sino que se expande a todo nuestro entorno. A mayor vulnerabilidad, mayor ansiedad. Cuanto más nos envolvemos en el ritmo de la volatilidad financiera, más nos impregnamos de pensamientos obsesivos y catastrofistas. La mesa de dinero se nos cuela en el ánimo y siembra allí una incertidumbre que crispa la sangre. Incluso un golpe de suerte en las apuestas sólo confirma nuestra dependencia respecto de las especulaciones de los demás. La heteronomía del espíritu crece junto con la volatilidad de nuestro dinero. La autonomía, en cambio, se fortalece cuando ponemos nuestro excedente en aquello que consideramos más significativo para nuestra propia vida.

El dinero tiende históricamente –¿o providencialmente?– a la mayor abstracción y diferenciación, el máximo desarraigo y movilidad, la racionalización más sublime o más deshumanizada, la complejidad más brutal y más fina, el dinamismo más febril y sorprendente. Va y viene entre el progreso y la alienación, la vaciedad y la libertad, la hiperconexión y la atomización. Nos une en un mercado que hace crecer las brechas entre nosotros. Rompe las distancias geográficas y exacerba las distancias sociales. Nos regala la victoria sobre el tiempo, pero a la vez nos hace obsesivos con el uso productivo del tiempo. ¿Es ésta la progresión histórica del dinero, su inexorable movimiento interno, la paradoja de su naturaleza? Difícil saberlo. Pero vivimos el mundo del dinero, dios nuestro que devora sus criaturas. Sólo reconociéndolo podemos relativizarlo. Y sólo decidiendo cómo tratarlo y hasta dónde exponernos a su mecánica, podemos decidir dónde colocar la carreta, y dónde los bueyes.

BIBLIOGRAFÍA

Bacon, Francis (1942): "Of Usury", en *Essays and New Atlantis*, Nueva York, W. J. Black, Inc.

Bauman, Zigmunt (1995): *Life in Fragments: Essays in Postmodern Morality*, Oxford (Inglaterra) y Cambridge (EE. UU.), Blackwell.

Canetti, Elías (1981): *Masa y poder*, trad. de Horst Vegel, Madrid, Alianza Editorial y Muchnik Editores.

Clarke, Simon (1982): *Marx, Marginalism and Modern Sociology*, Londres, The Macmillan Press.

Cousiño, Carlos y Eduardo Valenzuela (1994): *Politización y monetarización en América Latina*, Santiago, Cuadernos del Instituto de Sociología de la Pontificia Universidad Católica de Chile.

De Sismondi, Simonde (1969): *Economía política*, trad. de Mercedes Paredes Larrucea, Madrid, Alianza Editorial.

Godelier, Maurice (1982): *Racionalidad e irracionalidad en economía*, 10ª ed., trad. de Nicole Blanc, México, Siglo XXI.

Hinkelammert, Franz (1981): *Las armas ideológicas de la muerte*, 2ª ed., San José de Costa Rica, DEI (Departamento Ecuménico de Investigaciones).

Hopenhayn, Benjamín (1999): "La globalización financiera y los países periféricos", en *Documento de Trabajo*, Nº 8, CENES, Facultad de Ciencias Económicas, Universidad de Buenos Aires.

Huberman, Leo (1972): *Los bienes terrenales del hombre*, Colombia, La Oveja Negra.

Hume, David (1982): *Del dinero*, en *Ensayos políticos*, trad. de E. Tierno Galván, Madrid, Centro de Estudios Constitucionales.

Jameson, Fredric (1998): "Culture and Finance Capital", en *The Cultural Turn: Selected Writings on the Postmodern, 1983-1998*, Londres-Nueva York, Verso.

Kurnitzky, Horst (1992): *La estructura libidinal del dinero*, trad. de Félix Blanco, México, Siglo XXI.

Morizon Leclerc, Juan (1950): *Evolución del concepto del dinero*, Santiago, Facultad de Ciencias Jurídicas y Sociales de la Universidad de Chile.

Locke, John (1947): "The Second Treatise on Civil Government", en *On Politics and Education*, Nueva York, W. J. Black, Inc.

Mairet, Gérard (1978): "L'éthique marchande",

en François Chatelet (ed.), *Histoire des Idéologies*, tomo II, París, Hachette.

Malinowski, Maurice (1976): "La economía primitiva de los isleños de Trobriand", en Maurice Godelier (ed.), *Antropología y economía*, trad. de A. Desmonts, Barcelona, Anagrama.

Marx, Karl (1968): *El Capital*, 5ª ed., vol. I, trad. de Wenceslao Roces, México, Fondo de Cultura Económica.

Niehhans, Jürg (1978): *The Theory of Money*, Baltimore, The Johns Hopkins University Press.

Schumpeter, Joseph A. (1971): *Historia del análisis económico*, tomo I, trad. de Lucas Mantilla, México, Fondo de Cultura Económica.

Simmel, Georg (1999): *The Philosophy of Money*, Londres y Nueva York, ed. por David Frisby y trad. del alemán al inglés por Tom Bottomore y David Frisby, Routledge.

Weatherford, Jack (1997): *La historia del dinero: de la piedra arenisca al ciberespacio*, trad. de Jaime Collyer, Santiago, Andrés Bello.

Weber, Max (1979): *La ética protestante y el espíritu del capitalismo*, 5ª ed., trad. de Luis Legaz Lacambra, Barcelona, Ediciones Península.

Wilken, Folkert (1982): *The Liberation of Capital*, trad. al inglés de D. Green, Londres, George Allen y Unwin.

Este libro se terminó de imprimir
en agosto de 2002 en Primera Clase Impresores